HEIKE MAYER

JE LÂCHE *prise*

VIVRE LÉGER

Dans la même collection VIVRE LÉGER

Hypersensible et bien dans ma peau, Susanne Moeberg
Assez trimé !, Barbara Berckhan
S'aimer rend fort, Stefanie Carla Schäfer

Catalogue gratuit sur simple demande
Éditions Jouvence
France : BP 90107 – 74161 Saint-Julien-en-Genevois Cedex
Suisse : Route de Florissant 97 – 1206 Genève
Site Internet : www.editions-jouvence.com
E-mail : info@editions-jouvence.com

Titre original : *Das seh ich entspannt*

Traduit de l'allemand par Muriel Frantz-Widmaier
ISBN : 978-2-88911-885-4

Mise en pages : François Grandperrin
Couverture : Éditions Jouvence

HEIKE MAYER

JE LÂCHE prise

Comment développer sa sérénité

Traduit de l'allemand par Muriel Frantz-Widmaier

jouvence EDITIONS

VIVRE LÉGER

TABLE DES MATIÈRES

Chapitre 3

Chapitre 4

SOYEZ LE BIENVENU !

Ne plus laisser aussi souvent les agacements quotidiens nous stresser : rater son bus, être précédé par un conducteur du dimanche ou faire la queue pour récupérer son colis. Affronter les difficultés imprévues de façon plus détendue. Vivre en meilleure harmonie avec autrui, avec sa famille, son conjoint ou ses collègues de travail, pour ne pas en arriver aussi vite à des disputes violentes, à une agressivité inconsciente ou à des renoncements blessants. Maîtriser les temps de crise en éprouvant un sentiment de stabilité intérieure – ne serait-ce pas magnifique ?

La plupart d'entre nous aspirent à la sérénité. Ma propre expérience et les nombreuses personnes que j'ai accompagnées, en tant que professeur de pleine conscience et responsable de cours de maîtrise du stress par la pleine conscience, m'ont appris que chacun d'entre nous est en situation d'acquérir une plus grande sérénité. Le pouvons-nous du jour au lendemain ? Comme la plupart des choses de la vie, il s'agit bien plutôt d'un processus par étapes, qui requiert un peu de patience. Mais s'y attaquer en vaut la peine et peut rapporter gros.

Il est possible de vivre un équilibre intérieur sans cesse croissant. Vous le pouvez aussi.

PRENEZ CE QUI VOUS CONVIENT

De nombreuses raisons peuvent pousser une personne à vouloir gagner en sérénité, d'un sentiment sous-jacent d'agitation intérieure jusqu'à une importante crise existentielle. Les idées, les réflexions et les exercices que vous trouverez dans ce livre se situent par conséquent à différents niveaux. Quand nous entretenons notre maison, nous avons parfois besoin d'un marteau, tandis qu'à d'autres moments nous devons utiliser une pincette. De même, certaines considérations correspondront à votre situation, tandis que peut-être en estimerez-vous d'autres inutiles. Ce livre ne vous offrira pas de remède miracle.

Voyez-y une incitation, une proposition ou une piste de réflexion. Le meilleur expert de votre vie, c'est vous. Appropriez-vous ce qui peut vous aider et laissez le reste de côté. Et, qui sait, certaines idées se révéleront peut-être applicables à une autre période de votre vie.

Cet ouvrage n'a pas pour ambition de s'ajouter à votre to-do list, *mais de vous soutenir, voire à certains moments de vous procurer un certain plaisir. En réponse aux impératifs de la plupart d'entre nous, qui manœuvrons dans un quotidien surchargé ne laissant souvent qu'une toute petite place à la lecture, ce livre est constitué de petites portions susceptibles d'être lues indépendamment les unes des autres.*

Êtes-vous prêt à vous entraîner à la sérénité, ou bien manquez-vous encore de motivation ? Deux études américaines, menées sur une longue durée, montrent que des personnes détendues ont une plus grande chance de conserver une bonne santé mentale en vieillissant que des personnes qui perdent facilement leur calme. Ces dernières courent un risque plus important de développer une démence.

S'entraîner à être serein est une mesure tout à fait concrète de santé publique!

Vous désirez connaître la sérénité, la constance, la pondération, l'équilibre. En somme, vous aspirez à ne pas perdre rapidement votre stabilité psychique. Un homme serein ressemble à un surfeur qui peut garder son équilibre sur sa planche même en cas de bourrasque inattendue : il est capable de faire face avec souplesse aux petites et aux grosses vagues de l'existence, aux changements et aux challenges, et d'y réagir de façon proportionnée. La sérénité se mesure également à la manière dont le surfeur gère la situation quand il tombe dans l'eau. Si un tel événement se produit, un surfeur avisé ne s'énervera pas, il ne s'empêtrera pas dans une résistance irritée. Il remontera simplement sur sa planche.

Chapitre 1

Comment se forme la sérénité : sur la voie d'un plus grand équilibre intérieur

Dans ce chapitre, vous apprendrez :

- comment une intention ciblée vous aidera à apporter davantage de sérénité à votre vie ;
- comment un mentor intérieur peut vous soutenir dans votre démarche ;
- pourquoi la sérénité n'a rien à voir avec l'indifférence ou la passivité ;
- quels éléments contribuent à une vie plus équilibrée.

VERS UNE JOIE DE VIVRE PLUS DÉTENDUE

Imaginez que vous êtes en voiture. Vous conduisez vite – après tout, vous devez encore parcourir une sacrée distance aujourd'hui. Au bout d'un certain temps, vous rattrapez le véhicule qui vous précède et qui roule bien plus lentement que vous. La route est sinueuse et n'a qu'une seule voie, on voit mal les voitures venant en sens inverse. Vous n'avez alors plus d'autre choix que de vous aligner sur la vitesse de la voiture devant vous.
Vous avez à vrai dire deux possibilités : vous pouvez dépasser ou ne pas dépasser. Si doubler le véhicule est impossible, vous avez encore une fois deux possibilités : vous pouvez vous énerver et pester ou bien vous accommoder de la réalité et vous détendre.

QU'EST-CE QUI EST FRUCTUEUX ?

Les choix de vous énerver ou de rester calme n'ont aucun impact ni sur votre vitesse ni sur votre heure d'arrivée. Vous n'en serez pas plus rapide ou plus lent. En revanche, la différence s'avère considérable pour votre état. Ne se pose pas simplement ici la question du vrai ou du faux. Si vous avez envie de vous énerver, libre à vous de le faire.
La question se pose plutôt dans les termes suivants :

Qu'est-ce qui est fructueux?
Qu'est-ce qui est bénéfique?
Qu'est-ce qui est, à long terme, le plus utile pour vous-même et pour la situation?

Vous pensez peut-être à présent : « Je ne m'énerve pas parce que j'en ai envie. Dans de nombreuses situations, il faut s'énerver, c'est tout. » Le *faut*-il ? Vraiment ? N'est-ce pas plutôt que nous estimons souvent notre colère fondée et que nous la choisissons par habitude, ou tout au moins que nous la relançons et la nourrissons par des soliloques prononcés à voix basse ou à voix haute ?

La sérénité n'est pas une question morale au sens de « On doit » ou de « Les hommes bons feraient »… La sérénité est plutôt pragmatique. Elle demande :

Quelle est ma marge de manœuvre? Où se situe ma liberté de décision? Sur quoi puis-je et sur quoi ne puis-je pas exercer d'influence? Qu'est-ce qui est fructueux et utile?

Vous ne pouvez certes pas simplement décider qu'à partir de maintenant vous réagirez toujours de façon détendue. Vous pouvez en revanche, en pleine conscience, faire des choses et en laisser d'autres, ce qui aidera la sérénité à s'installer pour ainsi dire toute seule chaque jour davantage en vous.

FORMULER UNE INTENTION

Quand nous souhaitons changer une chose dans notre vie ou développer une capacité, comme celle de devenir plus serein, il est utile de formuler une intention concrète. L'intention diffère de l'objectif.
Si vous visez un but et ne l'atteignez pas, vous éprouverez rapidement un sentiment d'échec. Une intention est plus vaste qu'un objectif, elle décrit la direction dans laquelle vous souhaitez vous mouvoir. Quand je formule l'intention de passer la journée en étant le plus détendu possible, je suis conscient de ne pas avoir toutes les cartes en main. Il se peut que j'y parvienne dans une large mesure, mais il se peut tout autant que cela ne fonctionne pas du tout. Formuler une intention vous guide intérieurement. Réaliser ce que vous voulez vraiment éveille des forces positives et augmente la probabilité que vous vous en souveniez au cours de la journée. C'est comme si vous preniez des cours pour apprendre à piloter votre bateau : si vous ne décidez pas dans quelle direction vous voulez aller, comment pourriez-vous savoir vers où vous avez intérêt à naviguer ?

Quelle est votre intention sur le plan de la sérénité? Que vous souhaitez-vous?

Prenez le temps de formuler une intention et exprimez-la avec une tournure positive. Soulignez ce que vous souhaitez, et non ce que vous ne souhaitez pas : « Chaque jour, je veux convier à nouveau la sérénité dans ma vie » au lieu de « Je veux moins m'énerver », ou bien « Je veux rester détendu quand mes enfants se disputent » au lieu de « Je ne veux plus crier autant après mes enfants ». Faites le test avec de petites intentions concrètes et avec des intentions larges et étendues. Les réflexions de la page suivante pourront vous aider.

APPRENDRE DES AUTRES

Connaissez-vous des personnes qui représentent à vos yeux un modèle à suivre en termes de sérénité ? Quelqu'un que vous connaissez ou dont vous avez entendu parler ? Quelqu'un dont vous souhaiteriez vous inspirer ?

MES MODÈLES

Qui incarne pour vous la sérénité ? Commencez par passer en revue votre entourage actuel, puis les années qui précèdent, et enfin votre enfance. Quels noms de la politique, de l'histoire, de la religion ou de la philosophie, quels personnages issus de contes, de la littérature, de films ou de l'univers musical font surface ?

Les personnes dans ma vie :

____

Les figures historiques, politiques, culturelles :

____

Les personnages de contes, de livres, de films :

____

UN FOCUS

Choisissez deux ou trois personnes de cette liste. Dans quelle mesure vous impressionnent-elles eu égard à la sérénité ? S'agit-il d'un comportement particulier, d'une manière d'affronter les difficultés, d'une philosophie de vie ? Comment cela se manifeste-t-il ?

Personne 1 : ______________________

____

Personne 2 : ______________________

____

Personne 3 : ______________________

____

MON MENTOR

Parcourez une nouvelle fois la liste de noms que vous avez dressée. Si vous deviez choisir librement, lequel deviendrait votre mentor personnel en termes de sérénité ? Qui doit vous accompagner, vous soutenir, vous conseiller ? Vous pouvez bien entendu désigner plus d'une personne. Vous avez peut-être besoin d'un mentor différent pour chaque domaine de votre existence.

Je choisis ______________________

parce que ______________________

____

____

Il pourrait me soutenir dans les situations suivantes :

____

____

____

TRÈS CONCRÈTEMENT

Choisissez une situation ou un domaine de la vie dans lequel vous souhaiteriez gagner en sérénité. Imaginez que les qualités ou les aptitudes appartenant à votre mentor soient les vôtres, comme par magie. Dépeignez très concrètement comment, grâce à ces capacités, vous maîtriseriez la situation de façon détendue et sereine.

Ce qui se passerait :

____

____

Comment je me comporterais :

____

____

Comment je me sentirais (physiquement, émotionnellement, mentalement) :

____

____

FAIRE SON POSSIBLE POUR Y PARVENIR

La sérénité ne peut pas se forcer. Elle se développe pas à pas, quand certains événements psychocorporels dans la vie pèsent davantage dans la balance, que des révélations se font et s'approfondissent. Nous prendrons en considération trois aspects qui s'imbriquent et se renforcent mutuellement :

- élargir sa propre perspective (chapitre 2) ;
- diminuer sa tension physique et mentale (chapitre 3) ;
- faire la paix avec soi-même et le monde (chapitre 4).

Un catalyseur permet de déclencher une évolution dans ces trois domaines :

la pleine conscience

On pourrait aussi la nommer « perception de soi » ou « capacité de remarquer consciemment ses propres pensées, sentiments, réactions et actions ». Car ce sont nos modèles de pensée et de comportements automatiques et inconscients qui nous bloquent sur le chemin vers la sérénité. Pour les changer, nous devons commencer par remarquer leur présence. Nous n'aurons de cesse au fil des pages de nous pencher sur la manière de nous y exercer.

SÉ- RÉ- NI- TÉ

SÉRÉNITÉ. ÊTRE CAPABLE DE LAISSER FAIRE QUELQUE CHOSE

Le mot « sérénité » (en allemand, *Gelassenheit*) rend d'emblée patent l'un des aspects fondamentaux de la question, à savoir la capacité à laisser faire (*lassen*) quelque chose.

Comment serait-ce de laisser être une chose, sans plus rien pouvoir y changer ?

Les choses sont comme elles sont. L'admettre me permet de mieux accepter ce qui est donné.

Puis-je « laisser quelque chose être bien » ?

Reconnaître quand cela suffit et que continuer d'argumenter et de chercher des améliorations n'apporterait plus rien.

Quand est-il indiqué d'abandonner quelque chose ?

Il arrive qu'un problème n'ait pas de solution. Tout n'a pas toujours besoin d'être parfait.

Puis-je laisser autrui être comme il est ?

Accepter que je ne puisse changer personne – quels que soient mes efforts.

Puis-je me laisser être tel que je suis ?

Comprendre que l'acceptation de soi conduira, bien mieux qu'une autocritique, à changer.

À l'heure actuelle, dans quels domaines devrais-je lâcher prise ?

Qu'est-ce que je traîne avec moi depuis peut-être bien plus longtemps qu'il ne l'aurait fallu ? Une conviction, un vieux ressentiment, une image de soi, etc.

À quoi pourrais-je renoncer ?

Ai-je réellement besoin de tout ? Ne serais-je pas souvent plus libre et plus détendu avec moins de choses, d'activités, d'événements, etc. ?

CE QUE LA SÉRÉNITÉ N'EST PAS

Ce que j'ai appris au cours de cette année au sujet de la sérénité vient en grande partie du bouddhisme, où la sérénité constitue une vertu centrale.
Les enseignements bouddhistes établissent une distinction intéressante. Celui qui veut devenir plus serein doit non seulement connaître ses ennemis lointains, mais aussi ses ennemis proches. Les ennemis lointains désignent les obstacles qui se trouvent de toute évidence sur le chemin de la sérénité : haine, colère, avidité, dépendance, passion surdimensionnée, le fait de se laisser enthousiasmer par tout ou de vouloir s'accrocher à des choses éphémères. Les ennemis proches ne s'avèrent pas moins dangereux. Ils ressemblent tellement à la sérénité que nous les confondons facilement et que nous sortons du droit chemin.

LES ENNEMIS PROCHES DE LA SÉRÉNITÉ

L'indifférence

Être serein ne signifie pas que tout ce qui se passe nous soit égal. Cela ne veut pas dire qu'il faut s'abrutir et tout laisser glisser sur nous.

L'attitude cool

Il s'agit souvent d'une pose, qui, comme un masque, cache plus un manque d'assurance qu'une attitude détendue. Les hommes véritablement sereins diffusent de la chaleur, non du froid.

La dissociation

Celui qui a fait autrefois des expériences traumatisantes apprend à se libérer de certains sentiments pour ne plus sentir la douleur. Pour les personnes en question, cet état intérieur de dissociation, avec le temps, devient normal, ou il se déploie en un éclair dès lors qu'une situation rappelle d'anciens souvenirs, ce qui peut à tort être interprété comme de la sérénité.

La « sainteté » feinte

Dans des milieux qui s'attachent au développement personnel ou spirituel, certains hommes ont une manière particulière de s'abstraire, qui, en y regardant de plus près, semble artificielle ou forcée. Avec pour devise « Je suis au-dessus de ça » ou « Une telle chose ne peut plus me faire de mal », ils esquissent un fin sourire en regardant ceux qui sont encore retenus prisonniers dans les bas-fonds de l'existence profane. On se demande si de telles personnes, enveloppées dans un habit un peu plus sacré, n'évoluent pas plutôt dans l'un des trois domaines que sont l'indifférence, l'attitude cool ou la dissociation.

GARE AU MALENTENDU !

La sérénité ne se développe pas quand vous faites comme si vous ne vous énerviez plus, comme si vous n'étiez plus frustré, triste ou stressé. Quand un événement désagréable nous arrive, notre toute première réaction intuitive s'ensuit automatiquement. Nous ne pouvons pas consciemment la contrôler, elle se produit simplement et est, dans la plupart des cas, parfaitement compréhensible et normale : le bus, que vous devez absolument attraper pour arriver à l'heure à un rendez-vous important, vous passe sous le nez ; la tasse de café vous échappe des mains et le liquide chaud se répand sur tous vos vêtements et sur votre canapé ; un conducteur vous refuse la priorité et vous engueule, malgré votre comportement correct ; vos enfants marchent lourdement avec leurs bottes en caoutchouc sur le sol tout juste nettoyé. *Oh non ! À sortir de ses gonds !*

Nous n'avons que peu d'influence sur notre réaction initiale de défense, de stupeur, d'indignation ou de rage impuissante. Fil conducteur de ce livre, la question décisive est la suivante :

Comment gérons-nous la suite de la situation?

Continuons-nous d'alimenter notre frustration quand nous nous laissons emporter par notre colère, ou parvenons-nous à prendre du recul et à réagir d'une manière qui nous satisfait plus qu'elle ne nous énerve ?

Devenir petit à petit plus serein est une bonne chose. Mais n'ayez pas pour projet d'atteindre votre objectif le plus rapidement et le plus parfaitement possible. Celui qui s'efforce d'être serein s'attelle à une nouvelle tâche stressante qui l'empêche précisément d'être serein. Attaquez-vous au sujet de façon désinvolte et si possible détendue.

La vie,
c'est ce qui t'arrive
alors que tu es occupé
à faire
d'autres plans.
John Lennon

Chapitre 2

Élargir ses propres perspectives : la sérénité naît dans le déploiement du regard

Dans ce chapitre, vous apprendrez :

- pourquoi il est sensé de vous attendre à l'inattendu ;
- comment vous pouvez gérer intelligemment vos déceptions ;
- comment réinterpréter les choses et augmenter ainsi votre marge de manœuvre ;
- comment vous affranchir du perfectionnisme.

UNE QUESTION DE POSITION INTÉRIEURE

La sérénité est plus familière à certaines cultures et nationalités qu'à d'autres. Vous l'avez peut-être appris au cours de voyages en Europe du Sud, en Asie ou en Amérique latine. Les habitants de ces régions paraissent en général vivre dans un monde plus serein. Le monde occidental – par exemple les pays d'Europe du Nord, et notamment les pays germanophones – mise sur la précision, l'efficacité et la prévisibilité. Ce choix revêt des avantages très clairs, par exemple du point de vue économique ou technologique, dans les secteurs des soins médicaux, des normes de sécurité et d'hygiène. Dans d'autres domaines cependant, traiter la vie principalement sous l'angle du contrôle et avec l'idée que tout est réalisable a des inconvénients flagrants. C'est aller à l'encontre de la réalité, qui, assez souvent, ne veut simplement pas se plier à nos souhaits et à nos attentes.

IL EST IMPRUDENT
DE LUTTER CONTRE
LA RÉALITÉ.
ON A TOUJOURS LE DESSOUS.

Notons que la tendance à tout vouloir contrôler est à l'heure actuelle plutôt en croissance qu'en recul. Elle s'empare de notre vie à tous les niveaux, et c'est précisément son caractère omniprésent qui d'ordinaire nous empêche de mesurer la force de son influence. Nous sommes parfois étonnés d'être bien moins capables de maîtriser notre vie et de nous conformer à nos représentations que voudraient nous le faire croire la publicité, les médias, la politique ou encore les assureurs.

LES DIFFICULTÉS FONT PARTIE DU PROCESSUS

D'autres sphères culturelles gèrent plus sereinement l'imprévu pour la simple et bonne raison qu'elles attendent moins que tout se passe toujours comme prévu.

Où se trouve le contrat dans lequel la vie certifie que nous ne rencontrerons aucune difficulté et que tout se déroulera toujours comme nous le souhaitons ?

On ne sait pas s'il faut rire ou pleurer de l'indignation que nous ressentons parfois quand le train a du retard, quand la connexion Internet s'interrompt ou quand la date d'un rendez-vous n'est pas respectée. Oui, les ampoules tombent en panne, les hommes commettent des erreurs, les choses vont de travers. C'est normal. C'est la vie. De telles situations nous déplaisent, certes, mais elles n'ont rien d'extraordinaire. Notre société nous fait miroiter que le fait de fournir des efforts nous suffirait pour tout obtenir. Nous pourrions tout conformer à notre plaisir, pour peu que nous alignions assez d'argent sur la table. Nous pourrions nous protéger de tous les dangers et de tous les désagréments, pour peu que nous prenions les précautions appropriées. Nous pourrions tout contrôler, pour peu que nous planifiions suffisamment tôt. Mais c'est faux.

*La sérénité croît
quand nous apprenons à affronter
intelligemment les difficultés,
l'imprévu, l'inattendu.*

Une participante à l'un de mes cours me raconta comment transformer une situation à l'origine désagréable en quelque chose de beau et d'inattendu : « La veille au soir, mon mari et moi avions chargé le coffre de la voiture pour partir tôt le lendemain matin skier avec nos enfants. Nous nous pliâmes tous en quatre, de sorte que, à cinq heures trente précises, nous étions assis, en combinaison de ski, dans la voiture, munis d'une thermos de thé.
Comme j'étais fière de nous ! Et là ?
Plus de batterie. La voiture ne démarrait pas. Mon mari et moi échangeâmes un regard hébété. Le coup de fil suivant fut une nouvelle désillusion :
nous devions attendre une heure et demie que la dépanneuse arrive pour nous aider à démarrer.
Perplexes, nous nous trouvions dans la rue encore sombre. S'énerver, être déçus, se disputer pour savoir qui avait laissé les phares allumés : à quoi bon ?
Nous rentrâmes plutôt à la maison et nous assîmes tous les cinq en anorak sur le balcon pour admirer le lever de soleil en sirotant une tasse de thé.
Quel meilleur moment pour le faire ?
Les enfants vécurent là un instant spécial, dont ils parlent encore aujourd'hui. »

LA GRANDE DÉCEPTION

Le mot « déception » (en allemand, *Ent-täuschung*) est intéressant : il met le doigt sur l'origine du problème. Nous nous sommes forgé une représentation de quelque chose, mais la réalité ne correspond pas à cette image. Nous sommes victimes d'une tromperie (*Täuschung*), selon laquelle les choses devraient être telles que nous les attendons, et nous sommes à présent détrompés, déçus (*ent-täuscht*). L'univers nous met douloureusement devant les yeux le fait que notre représentation et la réalité divergent.

L'ENFANT CAPRICIEUX ET L'ADOLESCENT GRINCHEUX

Max, âgé de trois ans, se tient devant le stand de glaces et fait une crise, car il n'y a plus de chocolat. En tant qu'adultes, nous observons le drame avec un petit sourire (dans le cas où nous ne sommes pas les parents de Max), ou à bout de nerfs. « *Comment peut-on faire un tel foin à cause d'une bricole ? Bon d'accord, il n'y a plus de chocolat, mais ne fais pas tant de chichis et prends une boule de glace à la fraise.* » Nous exigeons de Max qu'il accepte la réalité telle qu'elle est (le parfum chocolat n'est plus disponible, les adultes ne peuvent pas en tirer de leur chapeau) et qu'il s'adapte aux circonstances.

Mais nous-mêmes, en sommes-nous toujours capables ? Ne nous comportons-nous pas souvent de la même façon que Max ? « *Mais je veux !* », murmure en nous une petite voix. « *Je l'ai tellement souhaité et à présent cela ne marche pas ! Les choses doivent pourtant se passer selon mon idée !* »

La sérénité signifie apprendre à gérer ses déceptions avec sagesse.

Je sais de quoi je parle. En ce qui me concerne, je plains en particulier les personnes qui ont vécu en ma compagnie durant mes premières années jusqu'à mes vingt-cinq ans environ. J'étais affreusement lunatique. Pendant les vacances par exemple, j'avais toujours trop froid ou trop chaud, le repas n'était pas celui auquel je m'attendais, je m'ennuyais vite et je laissais mon entourage sentir mon mécontentement par des commentaires grincheux et un comportement bourru. Pas que je sois aujourd'hui la reine de la pondération : il m'arrive de stresser, certaines personnes appuient sur mes cordes sensibles, me faisant réagir de façon injuste ou exagérée. Cela ne m'arrive cependant plus aussi fréquemment qu'avant, et je parviens souvent assez rapidement à sortir de ma frustration.

Regardez avec une lucidité bienveillante les domaines dans lesquels vous souhaiteriez être plus serein. Décelez-vous en vous des humeurs similaires et des réactions capricieuses semblables à celles d'un enfant ? Il est parfois difficile de supporter de ne pas recevoir ce que nous désirons, n'est-ce pas ?

LA BONNE NOUVELLE

Celui qui commence à entraîner ses muscles de la sérénité constatera des changements positifs. Il est possible de choisir délibérément de changer de perspective intérieure et de manière de réagir. Certains projets de recherche, comme le projet ReSource, de Tania Singer, chercheuse en neurosciences et professeure à l'institut Max-Planck de Leipzig, prouvent de façon saisissante qu'un entraînement mental permet une saine régulation des émotions. Le neuropsychologue Rick Hanson emploie une expression un peu compliquée pour désigner ce processus : il parle de « plasticité synaptique ». Cette formule signifie simplement que nous pouvons introduire dans notre cerveau des mesures conscientes de construction. Quel que soit notre âge, nous avons la capacité d'apprendre à développer de manière ciblée des états mentaux positifs.

DRESSER SA CHECK-LIST DE FRUSTRATION

À quels moments vous sentez-vous frustré ? Dans quelles circonstances avez-vous du mal à lâcher prise ? Dans quelles circonstances une partie de vous-même ne peut-elle, à priori, simplement pas admettre que vous ne pouvez rien changer ?

Je trouve particulièrement stressants les moments dans lesquels...

____

____

J'ai du mal à lâcher prise concernant les idées et les attentes suivantes :

____

____

Je souhaiterais en particulier être plus serein quand :

____

____

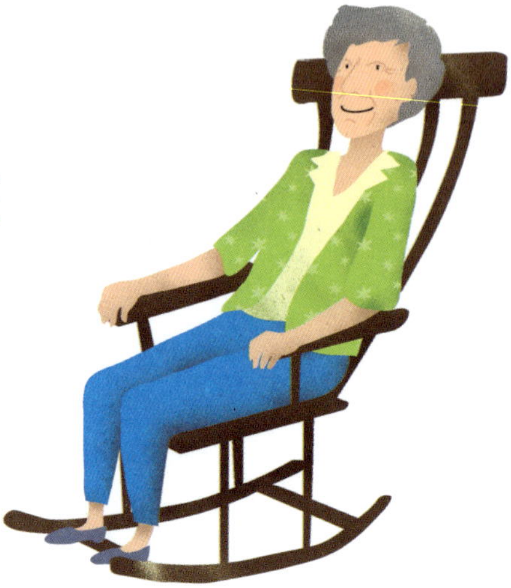

GAGNER EN SAGESSE

La sérénité est une qualité que l'on attribue traditionnellement aux personnes âgées. Cette sagesse que confère l'âge correspond à la sérénité qu'apporte l'expérience de la vie. Des études scientifiques confirment que les hommes plus jeunes ont tendance à se mettre en colère et à s'énerver avec une intensité plus forte que leurs contemporains plus âgés. Cette différence ne semble pas relever exclusivement d'une évolution biologique, mais aussi d'un processus de maturation émotionnelle.
Quand je me représente la sérénité par une image, je pense volontiers à une grand-mère assise dans sa chaise à bascule. Elle a beaucoup vécu, et elle sait que les choses se passent souvent, dans un premier temps, autrement que prévu.

Interroger sa grand-mère / son grand-père en son for intérieur
La prochaine fois que vous ne saurez plus comment faire, que vous vous sentirez agité ou que vous souhaiterez acquérir un équilibre intérieur, consultez votre « grand-père intérieur », votre « grand-mère intérieure ».

Fermez les yeux et imaginez que vous êtes vraiment vieux, que vous avez quatre-vingt-dix ou cent ans.
Vous acceptez d'être vieux.
Vous avez passé une vie mouvementée, bien remplie, de bonheurs comme d'épreuves. Votre existence vous a apporté de la sagesse, de la sérénité, ainsi qu'un cœur compatissant. Prenez le temps de percevoir la sensation que cette idée procure, même si vous n'en avez que l'intuition. C'est déjà suffisant.
Considérez sous cet angle votre problème actuel. Avez-vous un conseil à vous donner à vous-même ? Avec quels mots consoleriez-vous ou soutiendriez-vous ce « moi » plus jeune, qui se sent si tendu ? Peut-être une réponse vous viendra-t-elle, si vous restez assis quelques minutes en gardant en tête l'image de votre grand-mère ou de votre grand-père intérieur ?

PRENDRE CE QUI VIENT

Voici la semaine de vacances tant attendue. On compte sur une situation anticyclonique stable à cette époque de l'année, on emballe les bikinis et les shorts dans ses valises, chacun se réjouit. Une première soirée au restaurant de la plage, dans une tiédeur fabuleuse, et : le lendemain, vous ouvrez les rideaux et il pleut des cordes. Le jour suivant est, lui aussi, froid et pluvieux. Et encore le suivant. Aucun changement de temps à l'horizon.

Vous faites peut-être partie de ces rares personnes dont l'humeur ne dépend pas du tout de la météo. Alors estimez-vous heureux. Ce n'est pas mon cas. J'aime quand il y a du soleil, que la température est agréable. Un ciel gris me sape le moral. Par conséquent, je me souhaite du beau temps pour les vacances et je me plains quand ce n'est pas le cas. La phrase suivante peut sembler banale, mais il est difficile de réellement la faire sienne :

Les choses sont comme elles sont.

Que cela nous plaise ou non : les choses sont ainsi. Dans bien des domaines, nous ne pouvons rien changer ; pour ce qui relève de la météo, par exemple.
Cela peut évidemment faire du bien de laisser sa mauvaise humeur s'exprimer, de révéler – avec des paroles claires et, au besoin, avec un gros mot ou un autre – l'immensité de sa déception face à ces choses qu'on se représentait totalement différemment. S'il tombe des cordes le jour de mon mariage et que je dois renoncer à accueillir mes invités avec du mousseux dans la cour intérieure fleurie sous une envolée de ballons, je peux éprouver un grand soulagement à me jeter dans les bras de ma témoin en sanglotant un coup amèrement.
Il s'agit ensuite d'accepter les choses comme elles sont : le temps pluvieux, la grève du conducteur de train, une infection grippale ou tout autre événement nous mettant des bâtons dans les roues.

La sérénité est une réponse émotionnelle et mentale à des événements que je dois accepter comme allant de soi – qu'ils me plaisent ou non –, pour les gérer au mieux.

TOUT SUPPORTER ?

Quand je propose, au cours d'un atelier, de répondre à ce qui nous contrarie avec acceptation, compréhension ou humour, on me rétorque souvent l'argument suivant : « *Mais on ne peut pas simplement dire "Oui amen" à tout !* »
Une telle réaction témoigne d'une gêne compréhensible : dois-je donc toujours rester les bras croisés, souriant doucement, inactif, tandis que d'autres commettent des erreurs, se comportent de façon minable, me nuisent ou nuisent à autrui ?

La sérénité n'est pas synonyme de résignation.

Si vous pouvez influencer une situation positivement, agissez sans hésiter !
La sérénité est préconisée surtout dans les cas où vous ne pouvez *rien* faire – du moins pas sur le moment – et où vous devez accepter que les choses soient comme elles sont, même si elles vous déplaisent. Personne ne vous recommande de ne rien faire si un changement sensé est possible. Personne ne vous recommande non plus de vous opposer à une situation convenable ! La question est en revanche de savoir si votre action ne se révèle pas plus efficace lorsque vous agissez par clarté intérieure.

ACCEPTER NE SIGNIFIE PAS ÊTRE D'ACCORD

Souvent, seule l'acceptation de la réalité des choses permet d'adopter une attitude résolue. Ainsi, des femmes, par exemple, restent souvent des années avec des conjoints violents, car elles ne reconnaissent *pas* la gravité de la situation. La réalité est si douloureuse qu'elles préfèrent se persuader que leur mari finira un jour par changer.
C'est seulement une fois que la conjointe aura vraiment accepté le fait que son mari, qu'elle aime, soit violent physiquement ou émotionnellement et une fois qu'elle aura mesuré l'ampleur de sa souffrance qu'elle pourra en tirer les conséquences nécessaires et le quitter.

Accepter une chose difficile signifie penser : « Oui, c'est ainsi. »
Accepter une chose difficile ne signifie pas penser : « Oui, c'est bien ainsi. »

STOPPER LE « NON » EN SON FOR INTÉRIEUR

Il n'est pas rare que la vie implique que nous devions faire des choses que nous n'aimons pas. Il nous arrive même d'avoir l'impression qu'aucune alternative n'est possible. Supposons que ma vie professionnelle me rende malheureux, que je doive nourrir une famille de quatre personnes et que, malgré un examen approfondi, je ne voie aucune issue à ma situation. Si je me révolte sans cesse contre le fait de devoir, cinq jours par semaine, me rendre à un travail que je n'aime pas, je suis amené à manœuvrer avec une situation encore plus compliquée. Me lamenter ou me plaindre d'une chose que je ne peux pas changer pour l'instant (ou que je ne suis pas prêt à changer, car les conséquences seraient trop lourdes à porter) dévore une énergie énorme et génère une frustration permanente. Dans ce cas, dites stop au *non* en votre for intérieur.

Si vous remarquez que vous vous racontez à vous-même ou à autrui encore et encore la même histoire, ressassant combien ce que vous « devez » faire est affreux, arrêtez-vous. Prenez conscience des raisons pour lesquelles vous accomplissez cette tâche : vous vous êtes par exemple engagé, et vous voulez vous y tenir, à pourvoir à votre sécurité matérielle ; ou vous estimez que la description de votre poste inclut également cette activité. Et si vous ne voyez aucune possibilité pour l'instant de changer la situation, restez-en là. Vous faites quelque chose que vous n'aimez pas. Ce n'est peut-être pas bien, mais c'est ainsi. Vous ne *devez* pas le faire. Personne ne vous y force, un pistolet braqué sur la tempe. Vous *décidez* de le faire, malgré certains effets secondaires désagréables. Ne laissez pas votre révolte intérieure rendre votre situation plus difficile encore.

Dire « Je dois » fait de moi une victime. Décider consciemment de faire une chose engendre dignité et marge de manœuvre.

Donne-moi

LA SÉRÉNITÉ

d'accepter les choses
que je ne peux pas changer,

LE COURAGE

de changer les choses
que je peux changer

ET LA SAGESSE

de connaître la différence.

Reinhold Niehbuhr

LE REGARD QUE NOUS PORTONS SUR LE MONDE

Notre dose de sérénité est sans doute liée à notre tempérament, à la famille dans laquelle nous avons grandi, à nos expériences et à nos modèles. C'est en fin de compte le regard que nous portons sur le monde qui est décisif. Quelle conclusion vais-je tirer du fait qu'il pleut le jour de mon mariage ? Est-ce typique que cela m'arrive à moi, car je manque toujours de chance ? Un échec est-il dû au fait que je sois un raté, ou bien que les circonstances n'aient pas joué en ma faveur, ou encore que je ne me sois pas assez entraîné ou préparé ? Un conducteur de tram qui me voit courir jusqu'à l'arrêt sans pour autant m'ouvrir la porte est-il un sombre idiot, ou cela signifie-t-il qu'une fois encore tout le monde soit contre moi ? Ou a-t-il pris du retard sur son planning, ou alors ne m'a-t-il tout simplement pas vu ?

Quelles conclusions tirons-nous de ce qui nous arrive?

C'est bien de réaliser que nous pouvons exercer une influence sur notre manière de vivre le monde. Mon amie Anna me raconta à cet égard une histoire révélatrice :

Anna a deux fils et travaille à mi-temps. Concilier son travail, ses enfants et la tenue de sa maison la pousse parfois complètement à bout. Récemment, après avoir passé une bonne heure à nettoyer la cuisine, redécorée par les mains collantes de ses enfants, elle ouvrit la porte de la salle de bains et vit la pièce inondée par son fils. L'eau débordait du bassin, le tapis de douche était complètement trempé, le sol mouillé. Au beau milieu de ce spectacle, le petit garçon faisait avancer son bateau en plastique dans le lavabo. « Je sentis une vague de frustration et de colère monter en moi », dit-elle. « Purée, tout ce stress au bureau, et maintenant, encore ça ! », pensai-je. Je me voyais déjà ramper à genoux dans la salle de bains, j'avais déjà tant de choses à faire ! Ce ne pouvait pas être vrai ! Et quelque chose d'inattendu se produisit. Je regardai Paul, qui s'était tourné vers moi, les yeux pleins d'étoiles. Et je compris combien il s'était amusé. Il ne le faisait pas pour m'énerver ni pour me causer un travail supplémentaire, mais parce qu'il était un petit garçon avide de découvrir le monde, de jouer et de tester des choses. Tout devint clair dans mon esprit : je devais de toute façon passer la serpillière. J'allais aussi expliquer à Paul qu'il n'a pas besoin de remplir autant le lavabo. Avant de passer à l'action, je contemplai un moment mon enfant. Mon enfant toujours plus autonome, plein d'allant et en bonne santé. Je me mis à sa place, dans sa situation, avec son insouciance et sa joie de vivre. Non pas que passer ensuite la serpillière me fasse plaisir. Mais je fus moins stressée que je n'aurais pu l'être.

RÉINTERPRÉTER DES SITUATIONS

Notre manière de vivre le monde est liée à notre manière d'évaluer ce qui se passe et de formuler notre expérience avec des mots. Changez votre usage de la langue ! Dire « Je ne le peux pas » est différent de dire « Je ne le peux pas POUR L'INSTANT ». En psychologie, on parle d'une technique de re-cadrage (en anglais, *re-framing*). Ce changement d'optique nous permet de donner un autre cadre (*frame*) aux choses ou de poser un autre contexte. La situation est alors éclairée différemment, et nous envisageons plus vite des possibilités de solution ou des manières sensées de procéder.

Une pratique de la langue qui rend la sérénité plus difficile	*Une pratique de la langue qui favorise la sérénité*
Mon enfant n'a aucun scrupule et ne cause de nouveau que des ennuis !	Mon enfant est plongé dans son jeu et se comporte comme un enfant de trois ans, c'est normal.
C'est une catastrophe !	C'est un vrai défi !
Cela ne marche jamais !	Je ne sais pas encore comment cela peut marcher.
Je suis vraiment idiot !	C'était maladroit de ma part.
Quel mauvais temps !	J'aurais préféré que le temps soit meilleur.

PRÉSENTER LES FAITS EN TROIS ÉTAPES

Exercice

De nombreux problèmes viennent du fait que nous sommes englués dans une optique précise. Nous avons l'habitude de regarder le monde comme si notre perspective était la seule vraie et comme si aucune autre manière de voir que la nôtre n'était possible. Dans la plupart des cas, notre interprétation de la situation passe devant les faits.

Imaginez que vous vouliez sortir et qu'il commence à pleuvoir fortement. Un tel événement engendre souvent des pensées en chaîne, qui nous mettent de mauvaise humeur. Par exemple : « C'est idiot ! Juste maintenant ! Quelle plaie ! Pourquoi pleut-il de nouveau des cordes ? Il pleuvra sans doute autant cet été que le précédent ! », et ainsi de suite. Par conséquent : il pleut et nous nous énervons. Une chose désagréable ne suffisait pas, il y en a maintenant deux : temps pas super et mauvaise humeur. Comment déplacer maintenant la perspective vers moins d'énervement et davantage de sérénité ?

Présenter les faits en trois étapes peut s'avérer utile, en particulier pour certaines situations quotidiennes dans lesquelles un élément imprévu ou indésirable nous met des bâtons dans les roues. Comment sonnerait une présentation des faits en trois étapes en cas de pluie diluvienne ?

Il pleut.
Est-ce grave ?
Non, c'est mouillé !

Pas 1

★ Nommez les faits – sans autre interprétation. Juste les faits.

Pas 2

★ Posez-vous la question : « Est-ce grave ? »

Pas 3

★ Constatez les répercussions concrètes sans les juger bonnes ou mauvaises. Regardez si – comme dans l'exemple – vous y parvenez, en faisant un clin d'œil.

Que nous trouvions la pluie grave ou non, le problème ne se situe pas là. « Grave » est une évaluation, une étiquette que nous collons et qui n'a aucun rapport avec les faits. Quand il n'y a pas la moindre précipitation, des jours durant, et que les plantes ont cruellement besoin d'eau, chaque agriculteur et chaque propriétaire de jardin attend que la pluie tombe. En cas de canicule, un orage nocturne peut être un rafraîchissement bienvenu. On peut tout voir selon des perspectives différentes, tout évaluer différemment. Et la signification que je donne à un fait se répercute grandement sur la manière dont je me sens.

Les enfants se disputent.
Est-ce grave ?
Non, ça fait du bruit !

Ce constat purement factuel, neutre – voire, quand c'est possible, humoristique – vous donne le recul minimal. Les cycles de pensées négatives ne se mettent pas automatiquement en marche.

Mon amie est en retard.
Est-ce grave ?
Non, cela me laisse le temps de prendre un cappuccino. (Je lui dirai ensuite que j'accorde de l'importance au fait qu'elle arrive à l'heure la prochaine fois.)

La sérénité peut croître si nous remarquons combien les perspectives que nous adoptons sont variables et que notre point de vue n'est toujours qu'un seul des points de vue possibles. Il ne s'agit pas de déformer la réalité, de nier ou d'enjoliver les choses. Il faut simplement nommer les faits clairement et se demander :

Quel point de vue, parmi les différents possibles, m'aide à voir les choses de façon détendue et à réagir le mieux possible pour moi?

LES CAS DE PERFECTIONNISME

Livrer une prestation de qualité ou se plonger de tout cœur dans un travail sont des choses magnifiques. Il en va tout autrement si nous ne nous satisfaisons que d'une tâche parfaitement réalisée ou si la moindre imperfection nous conduit à dévaloriser l'ensemble.
Une participante à l'un de mes ateliers raconta ce qui l'aida à trouver une issue à une crise de désespoir :

« J'avais invité des amis et trouvé une recette extra de gâteau à la fraise. Il ne s'agissait pas de faire n'importe quel gâteau, il devait en jeter et être vraiment super beau. Au final, mon gâteau n'avait qu'en partie à voir, dans ma cuisine, avec le gâteaude la photo que j'avais vue dans le magazine. C'était sûr, il n'était pas laid, mais en aucun cas parfait.
La disposition des fraises n'était pas symétrique, le motif, pas aussi impeccable. En plus, les décorations en chocolat avaient coulé. J'essayai de les essuyer avec un torchon humide pour les recommencer, mais le résultat empira.
Je m'étais escrimée pendant une heure à essayer d'obtenir un gâteau parfait, mais tout allait de travers à présent. J'oscillais entre déception et colère envers moi-même, j'hésitais entre chialer ou balancer le gâteau contre le mur. Mon regard s'arrêta alors sur une carte postale que m'avait envoyée une amie. Y figurait :

Ce qui est trop parfait met Dieu en colère.

Mon amie me connaît plutôt pas mal ! Malgré la tension en mon for intérieur, je me mis à rire et finis par me laisser tomber, épuisée, sur le sol de la cuisine. Je me demandai alors quel mal je m'étais fait. Devais-je vraiment placer mes exigences si haut ? Quand je suis invitée chez quelqu'un, je ne m'attends pas à un dîner design.
Mes hôtes ne venaient pas chez moi pour mon gâteau parfait à la fraise, mais pour passer un agréable après-midi ! Quand je me rendis compte que la sympathie de mes amis ne dépendait pas de ma manière de cuisiner, je me remis tout doucement. Et bien sûr, le gâteau fut bon, malgré tout ! »

DES EXIGENCES EXCESSIVES

Cet exemple montre que la plus grande partie de notre stress est générée par des représentations irréalistes et des exigences excessives. Celui qui est perfectionniste s'impose à lui-même des normes beaucoup plus élevées que ne le sont ses attentes vis-à-vis d'autrui. Les questions suivantes peuvent aider à voir les choses selon une perspective plus large.

»——› Cela importe-t-il réellement ?

»——› Quelle est la pire chose qui puisse arriver ?

»——› Si le pire se produit, y survivrai-je ?

»——› Cela sera-t-il encore important demain ? Et dans une semaine ? L'année prochaine ?

La proposition de la chroniqueuse Stephanie Schneider, que j'ai lue il y a quelques années dans l'ouvrage intitulé Brillez plutôt par votre bonne humeur que par la propreté de votre évier[1], est à cet égard géniale, en particulier pour les femmes. À quoi vous sert une cave rangée si vous êtes de toute façon déjà à la limite de l'épuisement et que vous auriez besoin d'une heure de pause de toute urgence ?

BIEN ASSEZ !

Avez-vous déjà entendu parler de la règle des 20/80 ? Elle découle d'une étude menée par l'économiste Vilfredo Pareto et énonce qu'en général 80 % du résultat seront atteints par 20 % des dépenses totales. Celui qui est en plein dans un projet professionnel peut partir du principe qu'un cinquième de son temps lui suffira pour atteindre la majeure partie du résultat, à savoir 80 %. Les quatre cinquièmes restants seront utilisés pour atteindre 20 % du résultat – la cerise sur le gâteau, pour ainsi dire. Ce raisonnement pose la question de savoir si, dans l'un ou l'autre cas, 80 % du résultat ne seraient pas suffisants. Pas partout, bien entendu ! Au cours d'une opération, un chirurgien ne peut pas dire : « Ah, enlever 80 % de la tumeur suffit. » Mais, de temps en temps, *bien assez* pourrait remplacer *parfait*. Cela laisserait beaucoup de temps, que nous pourrions peut-être employer pour faire une pause. Ou pour jouer avec nos enfants. Pour réaliser l'une des innombrables choses auxquelles nous ne nous attaquons jamais, car nous avons trop à faire…

S'ENTRAÎNER À LÂCHER PRISE

Trucs et astuces

Planifier, faire des préparatifs, exclure autant que possible les impondérables : ces démarches sont souvent importantes et utiles. Elles ne suffisent pas pour autant à nous donner le contrôle de notre vie. La question est de savoir comment nous réagissons quand les choses ne se déroulent pas comme prévu, quand la réalité nous met des bâtons dans les roues.

Regardez comment lâcher prise vous simplifie l'existence.

La prochaine fois que vous planifierez quelque chose, vous pourriez prendre conscience qu'il n'est pas inhabituel qu'un imprévu se produise. Il ne s'agit pas de sombrer dans le pessimisme, mais d'avoir le sens des réalités. Tout simplement, nous n'avons pas le pouvoir sur tout. Cette démarche aide à rester serein quand une chose se déroule différemment de ce qui était attendu – elle renforce notre reconnaissance dans les nombreux, très nombreux cas où tout fonctionne.

L'UNE DE CES PHRASES POURRAIT-ELLE VOUS AIDER ?

- La sérénité, c'est remarquer quand il est temps de lâcher prise.
- Les choses sont comme elles sont.
- Qui sait en quoi il serait bon que… (les choses se passent différemment).
- Dommage ! J'ai donné le meilleur de moi, cela n'a pas fonctionné.
- Ce genre d'emmerdes arrive[2].
- C'est la vie[3] (avec la voix de Frank Sinatra dans l'oreille).
- Nous n'en sommes pas au stade de « Désire une chose », mais de « Les choses sont ainsi » (écrit sur une carte postale).
- Qui vivra verra[4].
- Jusqu'ici, tout va bien[5] (principe fondamental rhénan).
- *Inshallah* ! (Expression arabe pour dire « Si Dieu le veut ».)

I give thanks to help unknown, already on its way. (Cette phrase, sans doute héritée des aborigènes d'Amérique, m'a déjà souvent aidée à surmonter des périodes difficiles. Elle peut être traduite comme suit : « Je remercie l'aide, déjà en chemin, qui m'est encore inconnue. »)

AUTRES PRÉLUDES À LA SÉRÉNITÉ

Pardonnez-vous à vous-même

Commettre un impair ne signifie pas que quelque chose cloche chez vous, mais simplement que vous êtes une personne comme une autre. Et les hommes commettent des erreurs. Le cas échéant, témoignez aux autres personnes concernées de votre profond regret.

Souvent, le temps porte conseil

Êtes-vous resté accroché à vos attentes ? Êtes-vous attaché à votre manière de voir les choses ? Demandez-vous : « Quel conseil me donnerait ma grand-mère ou bien une bonne amie ? » La réponse se trouve déjà en vous, prenez contact avec votre sagesse intérieure.

Reculez d'un pas

Il peut s'avérer utile de mettre votre situation en relation avec d'autres difficultés, que vous avez réussi un jour à franchir. En comparaison, le présent est-il vraiment si grave qu'il en a l'air ? (Et si tel est le cas : n'avez-vous pas déjà surmonté une telle épreuve ?)

Adoptez la perspective de l'aigle

Et si vous souhaitez élargir encore votre cadre, comparez-vous à d'autres hommes dans le monde, qui par exemple souffrent de faim, de persécutions, de la guerre et de la violence : est-il possible que ces hommes se lamentent à haut niveau ? L'enjeu n'est pas de minimiser votre propre souffrance. Vous avez le droit à la douleur et à la déception. Vous parviendrez cependant peut-être à les relativiser en réalisant la chance que vous avez dans bien des domaines.

Ne prenez pas tout personnellement

Le contrôleur de train antipathique, la vendeuse hautaine… De nombreux motifs d'énervement n'ont rien à voir avec vous personnellement. Face à certaines personnes mal lunées, haussez simplement les épaules et laissez tomber.

QUELQUES PAS VERS UN REGARD PLUS SEREIN

1

Attendez-vous à l'imprévu

La vie n'est pas une machine, et il arrive souvent que tout ne baigne pas dans l'huile. L'absence de problème n'est pas garantie, quoi qu'essaie de vous faire croire le petit livret indiquant les horaires du TGV.

2

Exercez-vous à l'acceptation

Personne n'exige que nous soyons contents quand une chose se déroule autrement que nous l'avions espéré.
Les choses sont ainsi. Quand vous êtes en mesure d'entreprendre une action susceptible d'entraîner un changement positif, faites-le. Sinon : ne vous battez pas contre la réalité, vous auriez toujours le dessous.

3

Changez de point de vue

Nous n'exerçons souvent qu'une faible influence sur les circonstances extérieures ou sur le comportement de nos semblables. Nous pouvons en revanche exercer une nettement plus grande influence sur notre propre manière d'y faire face. Demandez-vous : qu'est-ce qui est utile ? Qu'est-ce qui sert vraiment à cet instant précis ? Comment puis-je bien m'occuper de moi ? Sous quel autre angle pourrais-je voir les choses ? Ne pourrais-je pas transposer les choses dans un autre contexte ?

4

Interprétation ou Vérité ?

Souvent, quand nous prenons les choses personnellement, nous rapportons à nous un élément sans aucun rapport avec nous. Nous en tirons des conclusions qui nous stressent. Remarquez les moments auxquels vous émettez des hypothèses et vous répandez en interprétations.

5

Prenez de la distance

Il n'est pas rare que ce qui prend au premier coup d'œil des airs de catastrophe s'avère, avec un peu de temps et de recul émotionnel, moins dramatique. Il existe bien entendu des choses réellement affreuses et qu'aucun conseil sommaire n'aide à alléger. Mais nous enflons souvent les situations. Demandez-vous si ce que vous estimez à un instant donné être tellement grave ne sera pas bientôt même plus un sujet.

6

Soyez patient avec vous ainsi qu'avec vos semblables

En fin de compte, nous sommes tous assez semblables. Nous souhaitons tous être heureux et satisfaits, et nous en sortir aussi bien que possible avec notre journée. Il nous arrive de faire des choses peut-être pas très intelligentes ou qui agacent d'autres personnes. Cette réalité vaut pour chacun d'entre nous.

Chapitre 3

Diminuer ses tensions physiques et mentales : gérer son stress, sa colère et ses idées compliquées

Dans ce chapitre, vous apprendrez :

- pourquoi vous perdez la raison quand vous êtes énervé ;
- quel est le rapport entre le stress et l'homme préhistorique ;
- comment vous pouvez gérer intelligemment votre colère ;
- dans quelle mesure la méditation constitue une voie royale vers la sérénité.

REDESCENDRE !

Il nous est facile, quand nous sommes nous-mêmes détendus et que nous voyons quelqu'un s'énerver terriblement, de lui recommander d'être plus serein. Nous lui disons peut-être : « Détends-toi ! » ou « Ne stresse pas de la sorte ! » Si c'était si simple…

Ce n'est pas comme si nous ne préférerions pas être gais et détendus dans les moments où nous nous trouvons sous tension, où nous sommes énervés, en panique, irascibles ou impatients. Nous bloquons. La plupart du temps, nous ne savons pas comment nous en sortir. Pas à pas, nous pouvons développer un moyen intelligent de gérer les défis que nous lancent le quotidien et notre propre psyché.

ALLONS, SOYONS RAISONNABLES !

La sérénité est liée à notre conception, à la question de savoir quelles conclusions nous tirons de ce que nous vivons, quel point de vue nous adoptons. Dans le chapitre précédent, nous avons exploré diverses manières possibles de vous guider, à travers le changement de positions mentales et le changement de perspective, vers un équilibre intérieur. Dans le cas où les modèles de pensée, les chemins habituels de pensée, le regard sur soi et sur le monde sont remis en question, de nouvelles manières utiles de gérer et de réagir peuvent se former. Un tel changement de regard sur les choses n'est possible que grâce à notre faculté de *penser rationnellement.* Nous devons prendre encore un peu plus de recul, voir et noter clairement que nous nous sommes peut-être juste obstinés dans une direction ou que nous « pleurons sur le lait renversé », pour reprendre l'expression consacrée. C'est pour cette raison qu'un enfant, pris d'un accès de fureur, a tant de mal à se laisser convaincre par une explication rationnelle. À ce moment, il ne dispose simplement pas, et de façon bouleversante, de la faculté de laisser des réflexions logiques le guider. Les petits ne sont pas les seuls à rencontrer parfois des difficultés à adopter un point de vue plus large. Quand nous sommes tendus et stressés, nos facultés cognitives, à nous autres adultes, jouent aussi du pipeau.

Connaissez-vous la sensation, au cours d'une dispute avec votre conjoint ou vos enfants, d'une rage se diffusant tellement dans vos membres que vous avez le sentiment que vous allez éclater si vous ne vous défoulez pas tout de suite ?
Vous êtes-vous déjà demandé, après une querelle, comment vous avez pu vous énerver autant pour une bricole ?
Vous est-il arrivé : de rabrouer une collègue, à la requête de laquelle vous auriez répondu si vous aviez été détendu ; de ne plus pouvoir penser clairement ; de commencer mille choses, comme un chien apeuré ou comme un coq agité, et de les laisser en plan ?
Tous ces comportements sont liés au fait que le stress paralyse les facultés intellectuelles, dont nous avons besoin pour trouver une solution rationnelle, adaptée à la situation.
Celui qui souhaite porter un regard plus détendu sur ce qui l'entoure fait en sorte d'abaisser son niveau de tension.

*Dans notre quotidien, beaucoup de choses contribuent à nous faire perdre notre sérénité.
Le stress dû à un calendrier serré, la multiplicité des charges, le fait que nous soyons écartelés entre notre travail, notre couple, l'entretien de notre maison, nos parents qui exigent des soins ou nos enfants malades, des soucis d'argent et des problèmes de santé, le bruit d'un chantier et la grève des structures d'accueil de nos enfants... Ainsi grandissent en nous un sentiment de déchirement et l'impression de courir en permanence le risque de rater quelque chose.*

*Nous verrons dans ce chapitre dans quelle mesure une certaine connaissance des mécanismes de notre cerveau et des processus physiques nous aide à apprendre à gérer intelligemment notre stress, notre tension et notre colère.
Et je voudrais vous montrer que la méditation n'est pas réservée à nos contemporains spirituels, mais qu'elle constitue un chemin tout à fait pratique visant à tempérer notre stress quotidien.*

POURQUOI CELA ME STRESSE-T-IL TANT ?

Si vous souhaitez devenir plus serein, il peut être intéressant d'en savoir davantage sur le stress. Que pensons-nous réellement quand nous disons que nous sommes stressés ? Il se passe d'habitude quelque chose – ce qu'on appelle le « facteur de stress » : nous pouvons par exemple être préoccupés par la rencontre d'un type antipathique, une mauvaise nouvelle, une course contre la montre, un bouchon ou encore un symptôme physique. Se déclenche alors une multitude de processus physiques, émotionnels et mentaux, que l'on nomme la « réaction de stress ».

Les *signes émotionnels* d'une réaction de stress peuvent être les suivants : nous nous sentons tendus, nerveux et agressifs ; ou bien incertains et craintifs ; nous devenons impatients et agités, nerveux, de mauvaise humeur, et des choses que nous devrions voir de façon détendue nous tapent sur les nerfs.

Les *signes mentaux* d'une réaction de stress peuvent être les suivants : nos pensées dégringolent en désordre ; il devient difficile de mener une réflexion objective ou une argumentation claire ; notre perspective se réduit jusqu'à ce que nous considérions le problème avec des sortes d'œillères.

Les *signes physiques éventuels* : nous avons chaud, nous commençons à transpirer et nos joues deviennent rouges ; notre tension artérielle augmente et les battements de notre cœur accélèrent, notre estomac est barbouillé ou notre gorge, serrée ; nos muscles se tendent, notre respiration devient plus superficielle ou plus rapide ; nous avons envie de hurler, peut-être de serrer les poings ou de tourner les talons, de courir à toutes jambes et de claquer la porte derrière nous.

Le stress est une réaction à une chose que notre organisme perçoit comme une menace.

Les manifestations du stress positif sont bien différentes. Ce stress positif

se déclenche quand nous considérons une situation comme un défi et que nous nous lançons dans l'aventure : comme un bon skieur, qui démarre et prend les bosses de la piste noire à un train d'enfer, ou quand nous prévoyons avec enthousiasme une grosse fête.
Nous activons toutes nos ressources et nous éprouvons des frissons à surmonter un challenge avec brio. Mais quand nous parlons de stress, nous pensons précisément à des situations qui n'ont pas connu d'issue positive. Nous sommes inquiets que la conversation avec notre chef ait des conséquences négatives, que nous n'arrivions pas à nous imposer ou que nous soyons pris pour un imbécile, ou bien nous pensons simplement ne plus pouvoir supporter de rester assis encore longtemps dans cette voiture surchauffée juste parce que ça ne roule pas !

LE MODE « COMBAT » OU « FUITE »

Nous nous sentons menacés, fatigués, surmenés – et pour surmonter une situation difficile, notre organisme réagit comme il l'a toujours fait durant les millions d'années de l'histoire de l'évolution humaine :

Il nous prépare à combattre ou à fuir.

Jetez un œil sur l'aperçu des réactions émotionnelles, mentales et surtout physiques présentées sur la page précédente et vous comprendrez tout de suite le rapport. Le corps nous fournit en énergie pour un affrontement physique ou pour une fuite. Même si mes propos paraissent quelque peu exagérés, sans que nous y soyons consciemment pour quelque chose, c'est ainsi que nous réagissons, comme si nous faisions face non pas à notre collègue antipathique mais à un tigre à dents de sabre.

Demandez-vous, la prochaine fois que vous vivrez une situation de stress, si vous avez plus envie de vous terrer dans un trou de souris ou de sauter à la gorge de quelqu'un !

RÉDUIRE SON STRESS AU LIEU DE L'AUGMENTER

On pourrait bien entendu dire que ce très ancien mécanisme de stress n'a plus grand sens aujourd'hui. En effet, la plupart des situations actuelles qui causent notre stress trouvent rarement d'issue durable grâce à un recours aux poings, pas plus qu'avec un saut résolu par-dessus la clôture du jardin. Que cela nous plaise ou non : notre corps nous y prépare, justement. Même si une tête froide, une discussion ouverte avec une part d'attitude conciliante ou l'acceptation du fait que nous ne pouvons pas tout contrôler seraient préférables. Le mode « combat » ou « fuite » constitue notre héritage de l'évolution humaine. Et il nous place devant une montagne de problèmes.

Problème 1 : Débrancher la raison

»——› La réaction de stress complique notre accès à des moyens utiles de gérer les situations, tels que la rationalité, la compréhension de l'autre et la sérénité. Si nous étions détendus, nous serions en mesure d'utiliser toutes les potentialités de notre cortex préfrontal. Il s'agit de cette zone du cerveau qui s'est développée à la fin de l'histoire de l'humanité et dans laquelle sont implantés la planification, l'analyse, l'esprit de décision et la faculté de jugement. Nous effleurons cette zone des doigts quand nous disons : « Oui, il faut avoir la tête sur les épaules ! » La réaction de stress active cependant d'autres parties plus anciennes du cerveau : le système limbique et le tronc cérébral, où se trouvent les émotions et nos instincts de survie. Car la réaction de stress s'est développée en réponse à des situations de menace vitale. Ces zones ne laissent aucune place à l'examen ni à la réflexion : en une seconde, il faut trancher entre combat et fuite. Il pourrait s'avérer mortel d'adopter un changement de perspective réfléchi ou de considérer la situation sous un autre angle, ne serait-ce qu'une fois. Le stress prescrit donc au cerveau de débrancher la rationalité et la raison ! Investir tous les moyens dans le combat pour sa propre survie ! Certaines solutions créatives nous viennent à l'esprit une fois que nous nous sommes détendus, alors que nous souffrions d'un véritable black-out mental, en plein stress des examens par exemple, ou bien nous nous demandons, après une dispute de couple, pourquoi nous avons déployé une telle agressivité pour une pareille broutille.

Problème 2 : Être tendu durablement

»——› La réaction de stress mobilise une énergie physique dont nous avons besoin de toute urgence pour le combat ou la fuite. Comme, dans le cas classique du stress quotidien, nous ne combattons ni ne fuyons, mais que nous suivons d'autres voies pour traiter les défis de notre vie, cette énergie ne diminue en général pas. C'est aussi pour cette raison que le sport est recommandé pour compenser, car il permet de dépenser une énergie physique qui, sans sport, se fixe en nous.
Ne pas transformer cette énergie de façon sensée pose un réel problème. Imaginez que vous faites tourner une voiture à plein régime en même temps que vous freinez – ce n'est pas vraiment bon pour votre moteur ! Une énergie, mise en permanence à disposition, ne peut pas s'écouler. À la place, la prochaine situation de stress, qui nous attend déjà au coin de la rue, continuera de nous approvisionner en énergie. Une telle configuration mène souvent à un stress de longue durée avec une tension musculaire, si familière qu'elle passe presque inaperçue, et peut générer des insomnies, une augmentation de la pression artérielle ainsi que d'autres problèmes physiques, qui déclenchent à leur tour du stress. Pas étonnant que la médecine et la psychologie partent aujourd'hui du principe qu'une grande partie des maladies physiques et psychiques, dont le nombre ne cesse d'augmenter, soit induite par le stress.

Faites donc preuve de compréhension à l'égard de vous-même s'il vous semble relativement difficile d'appliquer les stratégies recommandées au deuxième chapitre de cet ouvrage. Vous ne bénéficiez sans doute pas pour le moment d'un libre accès aux superficies de votre cerveau qu'un tel exercice nécessite ! En clair : celui qui souhaite devenir plus serein gagne à réduire son niveau de tension et à réaliser, en cas de stress, qu'il n'est pas question de vie ou de mort.

GÉRER INTELLIGEMMENT SA COLÈRE

Les fondements évolutionnistes de notre réaction de stress permettent de comprendre pourquoi tout ce qui provoque notre colère envenime la situation. Celui qui est bloqué dans un bouchon ou qui s'étend sur l'absurdité des plans de travaux locaux, et qui se considère lui-même comme une victime de l'incapacité d'autrui, renforce, avec de telles pensées, son sentiment d'être sans défense, ce qui contamine dans son corps l'énergie sécrétée par le stress. Celui qui débine avec ses collègues la chef déloyale éprouve peut-être le sentiment agréable d'être compris. Mais de telles discussions attisent du même mouvement la réaction de stress, sans que vous vous approchiez pour autant de la coopération respectueuse à laquelle vous aspirez. Se plaindre sans cesse de la même chose sans rien y changer, maudire la pluie sur son lieu de vacances, écrire un courrier des lecteurs ou des commentaires acerbes sur Internet : ces moyens semblent de prime abord une bonne soupape pour vider la colère accumulée. Et exploser un jour ainsi n'a sûrement rien de mauvais. L'effet peut en être sain et libérateur – en insistant sur la précision « *un jour* ». Mais cette attitude peut se transformer en une habitude, celle de s'orienter vers ce qui est négatif. Nous risquons même de vivre de façon subliminale la colère comme un sentiment agréable, car la montée d'adrénaline nous fait nous sentir puissants et offensifs. Mais, en réalité, nous favorisons notre stress et notre propre sentiment de malaise. Nous empoisonnons en même temps l'atmosphère et poussons peut-être de leur côté les autres à se mettre en colère. Il n'est pas rare que nous maintenions en marche une spirale de dévalorisation, de négativité et d'insatisfaction générale.

QUE VOULONS-NOUS NOURRIR ?

La colère est pour ainsi dire l'adversaire naturel de la sérénité. Et nous avons souvent l'impression de lui être jetés en pâture. Et pourtant, c'est souvent nous qui entretenons la colère. Voyons quel effet aura sur vous cette histoire :

Les deux loups
Un soir, au coin du feu, un sage grand-père raconta à son petit-fils le combat qui a parfois lieu en lui : « C'est comme si, dans mon cœur, deux loups se battaient. L'un est sombre, rempli de cupidité, de méchanceté et de colère. L'autre est clair. Il représente la compréhension, la patience, la confiance et la paix. » Le petit-fils fixa le vieil homme d'un air captivé. « Et quel loup gagnera ? », demanda-t-il. Le grand-père le regarda calmement dans les yeux. « Celui que je nourris », répondit-il.

Auteur inconnu

La manière dont les choses se déroulent à l'extérieur ou le comportement des autres hommes ne dépendent pas de nous. Nous pouvons en revanche influer sur notre propre comportement. Comme l'illustre l'histoire du grand-père et de son petit-fils, nous pouvons choisir de nourrir la colère ou bien la sérénité.

Ne vous énervez pas vous-même !

Se mettre en colère contre quelqu'un et s'accrocher à cette colère, c'est comme se saisir d'un morceau de charbon ardent pour le jeter sur autrui. Vous vous brûlez vous-même. Le chauffard qui vous précède n'entend pas un mot de votre colère. Les hommes politiques ne changent pas quand vous lisez le journal au petit déjeuner et pestez contre leur manque de bon sens. Vos enfants ou la direction de votre entreprise ne se comportent pas différemment du fait que vous vous énervez contre eux. La langue française est ici très précise : Je me fâche[6].
C'est une chose que vous vous faites à vous-même, non à autrui.
C'est à vous-même que vous nuisez.

Dans quelle mesure la colère peut-elle s'avérer utile ?
Il ne s'agit pas de refouler ou de nier sa propre colère. La colère est la plupart du temps un indice révélant qu'un besoin plus profond existe en nous sans être satisfait, que nous avons besoin de quelque chose. Au lieu de continuer à nourrir votre colère, demandez-vous comment vous pourriez bien vous occuper de vous-même. La colère devient alors un prélude à la sollicitude envers soi-même *(cf. exercice p. 54).*

GÉRER SA COLÈRE

Trucs et astuces

Quand les rides de colère s'incrustent sur votre front, demandez-vous : Quel loup suis-je en train de nourrir ? Quelles pensées ou quels comportements attisent encore ma colère ? Par quoi les remplacer ? Voici quelques propositions pratiques.

Mettez un terme à votre histoire intérieure

★ Quand vous remarquez que vous ressassez encore et encore mentalement la même histoire irritante, mettez un terme au processus. Arrêtez de la raconter – à haute voix comme à voix basse. Choisissez de porter attention à autre chose. Pensez à une chose qui vous remplit de joie, entonnez votre chant préféré. Même si cela peut paraître artificiel de prime abord, cette méthode vous aidera à sortir de la spirale de la frustration.

Abandonnez votre sentiment d'impuissance

★ La colère est souvent due à un sentiment soudain et désagréable d'impuissance. Le retard des trains, la queue pour récupérer son colis, la mise en attente au téléphone : nous perdons d'un seul coup la maîtrise de notre propre temps et devons nous plier à une chose sur laquelle nous n'exerçons aucune influence. Le truc est à ce moment de parvenir à récupérer sa propre souveraineté. Réinterprétez les choses ! Créez la possibilité de profiter du temps pour vous-même, et la colère disparaîtra. Dans le train : plus de temps pour avancer votre bouquin captivant ! Dans la file d'attente : enfin du temps pour vos exercices du périnée, personne ne s'en rendra compte ! Au téléphone : c'est le moment de faire la liste de courses !

Pourrait-il y avoir une bonne raison ?

★ Au moment où vous êtes très en colère contre une personne, mettez-vous à sa place. Pourrait-elle avoir une bonne raison de se comporter ainsi ? Au lieu de penser : « *Pourquoi cette abrutie roule-t-elle si lentement ? La voie est pourtant dégagée !* », imaginez qu'un accident, qu'elle aurait subi récemment sur ce même trajet, la rende particulièrement prudente. Une telle attitude serait compréhensible ! Ou peut-être manque-t-elle d'assurance, car elle a son permis depuis peu de temps ? Il vous est peut-être déjà arrivé d'être tellement perdu dans vos pensées ou tellement détendu que vous rouliez à deux à l'heure, exactement comme elle ?

L'humour, une arme fantastique

Si la compréhension ne vous réussit pas, vous pouvez recourir à l'humour. Et si la personne qui vous précède s'entraînait pour les olympiades de la lenteur ? Quelle pourrait être la raison la plus farfelue pour laquelle cela se passe ? L'idée n'est pas d'excuser un comportement nuisible, mais de vous aider à ne pas sombrer dans le stress. Celui qui éclate de rire, celui qui éprouve de la compréhension ou de la compassion à l'égard de quelqu'un n'est plus en colère.

Recommencez en toute quiétude

Dans le cas d'un nouveau bourrage papier dans cette fichue imprimante, arracher le papier de colère apporte rarement grand-chose. Prenez du recul physique et mental. Respirez profondément et calmez-vous. Une seconde tentative, en étant moins tendu, a bien plus de chance de réussir.

Temps mort !

Si vous êtes vraiment en rogne, faites-vous une fleur à vous-même (et à la personne en face de vous) et prenez une pause. En cas de conflit, aucune solution constructive ne pourra être apportée. Les débats ne font en général qu'empirer la situation. Si vous aspirez à un temps mort, quittez la pièce. Buvez un verre d'eau, courez autour du pâté de maisons, faites du sport pour baisser l'adrénaline.

Ne portez pas le chapeau pour tout et n'importe quoi !

Laissez en plan les grincheux malpolis et tous les autres types antipathiques. Supposons que quelqu'un renverse une brouette remplie de fumier juste devant vos pieds. Êtes-vous obligé de sauter dans le tas, de le piétiner furieusement et de vous plaindre du fait que d'autres personnes étalent partout leur insolence ? Ne pourriez-vous pas plutôt contourner ce tas ?

EMPATHIE EN CAS D'URGENCE

Exercice

Vous êtes dans une situation qui vous stresse, vous énerve ou vous tourmente de façon aiguë ? Vous pourrez trouver de l'aide dans cet exercice d'urgence, qui associe la compassion envers soi-même et les principes de la communication non violente définis par Marshall Rosenberg. Il est décisif que, dans une situation difficile, vous vous traitiez vous-même avec amabilité, sensibilité et compassion, sans faire votre autocritique.

»——› Procurez-vous autant d'espace intérieur et extérieur que vous le pouvez à ce moment-là. Quittez l'endroit où il y a la cohue, au moins en vous retirant cinq minutes aux toilettes. Respirez profondément, fermez les yeux quelques instants.

»——› Réalisez que vous êtes accablé et acceptez votre souffrance, par exemple en dressant le constat suivant : « Je ne sais plus du tout à quel saint me vouer » ; « J'ai été totalement déçu » ; « Je suis incroyablement en rogne » ou « Je me sens complètement dépassé ». Ne faites pas l'impasse sur cette étape, même si vous pensez bien savoir comment vous vous sentez et que donner un nom à votre ressenti pourrait encore faire empirer vos sentiments. Tel n'est généralement pas le cas. Le simple fait d'identifier notre état actuel a un effet étonnamment relaxant.

»——› Imaginez comment parlerait avec vous une amie gentille et sage. Posez peut-être avec compassion votre main sur votre cœur en vous disant à vous-même : « Je sais comment tu te sens. C'est très douloureux » ou « C'est vraiment épuisant ».

»——› Identifiez quel besoin essentiel n'est pas satisfait en vous (en vous reportant à la liste qui suit). Si vous tombez juste, vous laisserez sans doute échapper un profond soupir de soulagement.

»——› Prenez conscience que d'autres hommes sur terre éprouvent les mêmes sentiments que vous et qu'ils sont en mesure de comprendre votre situation. Il est humain de se sentir ainsi.

»——› Demandez-vous de quelle manière vous pouvez prendre bien soin de vous. Quelle petite chose concrète pourriez-vous faire pour vous aider vous-même ?

Reconnaître ses besoins

Les concepts présentés dans la colonne de droite représentent des besoins fondamentaux, partagés par tous les hommes sur terre. Les sentiments difficiles signalent la plupart du temps que l'un ou l'autre de ces besoins est lésé. La liste n'est pas exhaustive, pour la compléter, vous pouvez lire le fantastique ouvrage de Marshall Rosenberg intitulé Les mots sont des fenêtres (ou des murs).

Comment nous nous sentons	Ce qui nous manque probablement
Indigné, furieux, frustré	Respect, autodétermination, liberté, sécurité, résonance
Déçu, triste	Compréhension, estime, relation, estime de soi
Fatigué, épuisé, stressé	Soutien, droit de lâcher prise, calme, clarté, légèreté
Honteux, craintif	Droit d'être tels que nous sommes, droit de commettre des erreurs, sécurité

APAISER LES RÉACTIONS DE STRESS

Les circonstances que nous vivons comme stressantes enclenchent la réaction de stress. La réaction d'adaptation, censée nous exposer à relever des défis potentiellement mortels (et souvent inappropriée aux données actuelles, cf. p. 46), ne survient pas de notre propre initiative. Elle émane de notre système nerveux prétendument autonome, qui réagit sans que nous y soyons pour quelque chose. Ce qui ne signifie pas pour autant que nous ne pouvons nullement l'influencer. Grâce à une pause pour respirer un peu (cf. infra), nous pouvons par exemple réduire légèrement la réaction de stress par rétroaction physique positive. Une autre possibilité est de remettre en question les réactions automatisées.

Dans les situations qui vous énervent d'habitude, demandez-vous : Est-ce précisément par habitude que je me plains ? Ma réaction est-elle utile ? Me permet-elle de me sentir mieux (à long terme) ? Change-t-elle positivement quelque chose pour moi-même ou pour mes semblables ? Qu'est-ce qui pourrait réellement m'aider ?

Il peut s'avérer intéressant de réfléchir à la manière dont étaient gérés les contrariétés et les imprévus dans sa famille d'origine. Quand, dans la petite enfance, on entend encore et encore les adultes jurer dans les bouchons, pester bruyamment contre d'autres hommes, se répandre en lamentations et réagir dans des situations tendues de toutes les manières mais jamais avec calme, on considère ces mêmes choses que l'on fait en tant que petit garçon ou petite fille comme normales. On ne remet pas le comportement des adultes en question, mais on admet qu'il est correct. Et souvent l'on s'habitue à réagir exactement comme ses proches de référence. Si vous remarquez que vous réagissez avec irritation ou mauvaise humeur par habitude ou par réflexe, prenez conscience que vous êtes alors en situation de développer de nouvelles habitudes.

Nous pouvons commencer à devenir plus sereins si nous reconnaissons que tout ce que nous pensons, disons ou faisons n'est pas impératif. Nos réactions sont certes souvent automatiques, mais elles ne sont pas une fatalité et pas toujours sensées. Elles s'avèrent fréquemment contre-productives, et elles nuisent souvent en premier lieu à nous-mêmes.

CALMER SON CORPS GRÂCE À UNE PAUSE RESPIRATOIRE

Vous souvenez-vous de ce que votre grand-mère vous recommandait quand tout allait sens dessus dessous ? *Commence par prendre une profonde respiration !* Comme tant de conseils de nos parents et grands-parents, que nous trouvions peut-être dépassés dans notre enfance ou notre jeunesse, celui-là est assez malin.
La réaction automatique de stress s'accompagne d'une respiration rapide et superficielle. Pourquoi ? Pour que vous preniez beaucoup d'oxygène en peu de temps et que vous puissiez courir plus vite en cas de danger. Rappelez-vous la vieille histoire du tigre à dents de sabre. De nos jours, cette réaction s'avère peu pratique, d'autant plus que nous prenons souvent l'habitude d'une telle respiration superficielle dès notre enfance.

→ Expirez tout l'air qui reste dans vos poumons. Expirez tant que de l'air sort, jusqu'au bout du bout. Laissez à présent la prochaine inspiration venir d'elle-même. Accordez à l'expiration suivante un peu plus de temps que vous n'en avez l'habitude, et l'inspiration suivante sera aussi naturellement longue et profonde.

→ Continuez à présent de respirer normalement et, pendant les deux ou trois inspirations qui suivent, prêtez attention à la manière dont l'air s'engouffre tout seul dans votre nez, remplit vos poumons pour ensuite à nouveau quitter votre corps au moment de l'expiration.

→ Une telle courte pause respiratoire de temps en temps est la meilleure détente possible. Vous transmettez ainsi un message à votre organisme : une respiration lente, calme, pleine. Ici tout se détend. *Aucun danger en vue ! Aucune nécessité de se préparer au combat ou à la fuite ! Freiner la réaction de stress !*

CALMER SON ESPRIT… EN CINQ POINTS

Exercice

Il arrive que nous vivions une telle effervescence intérieure, que nous nous sentions si prisonniers de soucis et de pensées qui tourbillonnent en tous sens, que nous n'espérons qu'une chose : pouvoir nous débrancher. L'exercice suivant rompt le carrousel de rumination et nous aide à emporter notre esprit dans l'« ici et maintenant ».

»——› Où que vous vous teniez, que vous soyez assis, debout ou couché, adoptez la position la plus détendue possible et prenez quelques profondes inspirations jusqu'à devenir calme. Prêtez attention à ce qui vous entoure, laissez votre regard vagabonder comme si vous n'aviez jamais vu la chambre ou le lieu où vous vous trouvez.

»——› Choisissez cinq choses que vous voyez et nommez-les à haute voix ou à voix basse, par exemple : « Je vois une table. Je vois la lampe. Je vois la fenêtre et les nuages avançant dans le ciel. Je vois l'image rouge sur le mur. » Attardez-vous un instant sur chaque chose et prenez conscience de leur présence. Il peut s'agir de gros comme de petits objets, de détails comme de couleurs.

»——› Nommez ensuite cinq choses que vous entendez. Concentrez-vous sur le bruit du moment avant de passer au suivant.

»——› Prenez enfin conscience de votre corps. Choisissez et nommez cinq perceptions, liées au toucher de votre peau (par exemple le contact de votre dossier ou de vos habits sur la peau) ou relevant de l'intéroception, c'est-à-dire des sensations émanant de l'intérieur de votre corps (le sentiment d'étendue ou au contraire d'exiguïté dans votre poitrine, les mouvements de votre respiration, les gargouillis dans votre ventre, etc.).

→ Si vous le souhaitez, recommencez plusieurs fois la démarche : passez de cinq à quatre choses que vous voyez, entendez, sentez, puis à trois choses, deux choses, une chose. Les perceptions peuvent se répéter : votre choix dans le champ des impressions sensorielles n'est pas décisif. C'est l'attention complète que vous leur prêtez qui l'est.

Les cycles de rumination et les spirales de soucis nous attirent toujours vers le passé ou le futur, nous éloignent de ce qui est présent et réel. En nommant les cinq choses et en dirigeant donc votre perception vers votre véritable environnement, vous vous ancrez dans le présent, coupez court à vos pensées et les laissez se volatiliser.

L'exercice 5-4-3-2-1 est utilisé entre autres dans le traitement des traumatismes et dans la prophylaxie[7] de la dépression, car il est simple à appliquer et exerce sur l'esprit un effet immédiat de détente.

Accordez-vous des pauses

Le fait de considérer une chose comme un ralentisseur pénible ou comme une occasion merveilleuse dépend de votre point de vue. Votre quotidien est souvent très exigeant. Alors pourquoi ne profiteriez-vous pas de chaque chance qui s'offre à vous de faire une pause ?
Un feu rouge, une file d'attente ou une mise en attente au téléphone sont autant d'occasions de fermer les yeux, de respirer profondément, de prendre conscience de ce qui vous entoure. Faites un tour de 5-4-3-2-1. Essayez de trouver un détail intéressant autour de vous, une belle couleur, une chose que vous n'aviez pas repérée avant.
Sortez consciemment de la spirale de la colère.

LE CARROUSEL DES PENSÉES

« Lundi matin. Je suis dans le tram et je pense à la journée de travail qui m'attend. Mes pensées tournent autour de mes rendez-vous rapprochés, des coups de fil désagréables à passer, à quoi s'ajoute un conflit qui couve avec des clients. J'ai l'impression que ma poitrine se serre et j'ai l'estomac barbouillé. Mes pensées s'avivent les unes les autres. Que se passera-t-il si nous perdons encore ces clients ? Combien de temps devrons-nous attendre avant les premiers licenciements ? J'arrive à ma station. Je préférerais continuer ma route, ne pas sortir du tram… » Connaissez-vous de telles situations ? La description qu'en fait mon beau-frère est très juste :

Stresser à l'idée de stresser, car je m'imagine déjà le prochain stress.

Alors que notre situation n'a rien de problématique – nous sommes dans le tram, et en soi tout est encore en ordre –, nous succombons au stress. Car nous laissons nos pensées faire ce qu'elles veulent.

DES DIFFICULTÉS IMAGINAIRES

Des pensées que nous laissons déambuler librement se dirigent souvent vers les difficultés – réelles, mais souvent aussi imaginées, craintes. L'auteur et humoriste américain Mark Twain pointe ici l'essentiel de façon pertinente : *« Dans ma vie, j'ai enduré un nombre inconcevable de catastrophes. La plupart d'entre elles ne se sont jamais produites. »*

Vous connaissez sans doute les crises nocturnes de rumination, dans lesquelles on tourne et retourne des problèmes, qui n'en sont plus le lendemain. Faire avancer puis rembobiner dans sa tête un discours difficile, ou bien préparer ses arguments pour contrer d'éventuelles attaques, qui n'auront pas lieu en réalité, car la discussion aura tourné autrement que prévu.

Nous sommes forts pour nous imaginer en état de stress, car notre esprit est maître dans cet art.

La prochaine fois que vous imaginerez un tel scénario catastrophe, rappelez-vous Mark Twain.

LES PENSÉES AIMENT LES DIFFICULTÉS

Nos véritables problèmes, eux aussi, attirent par magie notre attention. Car nous visons de nombreuses difficultés réelles, et il est pleinement compréhensible que notre estomac se serre quand nous pensons par exemple aux défis professionnels, familiaux ou relatifs à notre santé, que nous devons relever. **Il est néanmoins important de reconnaître que l'art et la manière dont nous gérons d'habitude ces difficultés ne sont pas très efficaces.** Supposons que votre situation professionnelle vous stresse, mais que vous ne voyiez à l'horizon aucune alternative. Vous rappelez-vous l'exemple emprunté au domaine de la conduite, au début de ce livre ? Il existe deux possibilités : vous pouvez dépasser la voiture qui vous précède ou rester derrière elle. Si vous pouvez la dépasser, faites-le. Si vous ne le pouvez pas, rien ne sert de vous révolter. Il est ici encore bien plus difficile d'accepter les choses telles qu'elles sont que dans le cas du conducteur qui bloque la voie de gauche. La tension causée par votre situation présente est là en permanence, et vos pensées y reviennent sans cesse, comme votre langue qui, quand vous avez mal aux dents, cherche constamment à appuyer sur l'endroit douloureux.

Vos pensées tournent autour des problèmes, vous mettent sens dessus dessous. Loin de vous rapprocher d'une solution quelconque, vous laissez croître votre colère, votre gorge nouée et le poids sur vos épaules. À ce moment, il faut descendre du train de vos pensées.

C'est une chose d'avoir des pensées constructives sur un sujet et d'en arriver à de bonnes idées ou à des possibilités de changement. Mais souvent nous passons plus de temps à ruminer, à imaginer des difficultés, à rabâcher des situations déplaisantes. Nous ne nous sentons ensuite ni plus confiants ni plus proches d'une solution, mais au contraire plus stressés, plus abattus ou plus énervés. Quand nous laissons libre cours à nos pensées, nous sommes hypnotisés par les problèmes, ce qui nous paralyse et nous affaiblit.

Apprendre à reconnaître les pensées qui nous pèsent et nous affaiblissent et apprendre à les gérer intelligemment relève d'une faculté primordiale pour notre santé mentale, notre équilibre et notre balance intérieure. Nous apprendrons dans les pages suivantes à nous y entraîner.

La vie n'est pas
ce qu'elle devrait être.
C'est notre façon d'y faire face
qui fait la différence.
Virginia Satir

MÉDITATION POUR DÉBUTANTS

L'un des meilleurs moyens de gérer intelligemment ses pensées compliquées est d'apprendre l'art de la méditation.

La méditation est un terme générique qui désigne diverses choses. Il en existe différentes formes et différentes approches, qui ont toutes leur propre valeur. Je souhaiterais vous faire mieux connaître la méditation et vous conduire à y voir l'une des meilleures possibilités de vous familiariser avec votre propre monde intérieur et de cultiver la sérénité. Je vous présenterai une forme de méditation déjà pratiquée depuis deux mille ans dans différents coins du monde. Il s'agit simplement d'offrir son attention à ce qui se passe en soi. Vous exercez votre présence et votre intention à se diriger vers ce qui se déroule dans l'instant présent. On pourrait appeler cette expérience la « présence d'esprit ». Vous vous entraînez à percevoir les contenus de votre esprit sans les laisser vous accaparer, sans les combattre ou leur permettre de vous embarquer. Vous vous familiarisez pas à pas avec les éléments d'un contact sain avec votre monde intérieur. Cette démarche n'a rien de mystique ni de particulièrement compliqué. Si vous êtes en mesure de remarquer, quand vous inspirez, que vous respirez, vous êtes alors aussi capable de méditer.

»——› Asseyez-vous bien droit et mettez-vous autant à l'aise que possible. Programmez un minuteur sur dix minutes (vous pourrez par la suite passer à quinze ou vingt minutes). Fermez les yeux.

»——› À votre prochaine expiration, suivez le trajet qu'emprunte l'air pour quitter votre corps, jusqu'à ce que vous l'ayez expulsé en entier. Prenez à présent conscience de la manière dont vient une inspiration et dont commence l'expiration qui la suit. Portez votre attention sur les sensations physiques éprouvées quand vous inspirez et expirez.

»——› Autorisez-vous à vous détendre. Vous ne pouvez rien faire de travers. N'attendez rien de spécial. Voyez-y un exercice de « laisser être ». Laissez-vous être, laissez être la respiration.

»——› Vous n'avez besoin de respirer de façon ni particulièrement profonde ni intentionnellement régulière. La respiration vient et repart comme en ce moment même, et vous l'accompagnez avec autant d'attention que possible.

»——› Si votre attention se relâche – ce qu'elle ne manquera pas de faire –, ne la critiquez pas pour autant. C'est tout à fait normal. Réjouissez-vous de l'avoir remarqué ! Puis redirigez vos perceptions vers la respiration et prenez-en conscience, avec le plus grand soin dont vous êtes alors capable.

»——› Quand le minuteur sonne, restez encore assis un moment sans vous attaquer à une tâche précise.

PRENDRE DU RECUL PAR RAPPORT AUX FILMS DANS SA TÊTE

C'est tout. Votre respiration constitue le point de départ, auquel vous revenez toujours et encore. Et ce faisant, vous apprenez à remarquer ce qui se passe dans votre esprit. Parfois, en suivant votre respiration, vous vivrez des moments de calme et de détente, parfois non. Vous découvrirez sans aucun doute la manière dont votre raison se déplace constamment ici et là, dont elle suit vos pensées et vos histoires intérieures, dont elle s'ennuie, se fatigue et s'énerve contre elle-même, dont elle marmonne et veut suivre chaque impulsion. C'est tout à fait normal, et vous ne faites rien de travers. Il s'agit simplement de la nature de l'esprit non entraîné. Au fur et à mesure, à petits pas, se manifestera la capacité de remarquer ces événements, d'en être témoin sans y entrer, la capacité de laisser les choses ainsi et de reporter son attention sur sa respiration.

Des pensées vont et viennent sans cesse dans notre tête. Elles ne sont pas forcément vraies et nous ne sommes pas forcés de leur prêter une grande attention, si nous ne le voulons pas. La méditation permet de prendre du recul par rapport aux films dans notre esprit. C'est pourquoi la méditation – et dans ce domaine elle n'a peut-être pas sa pareille au monde – favorise la sérénité d'une manière si merveilleuse ! En effet, nous parvenons toujours plus souvent à remarquer au quotidien que nous nous trouvons dans une spirale intérieure de colère et de soucis et que nous pouvons en sortir.

La méditation nécessite de l'entraînement. Exercez-vous idéalement chaque jour pendant plusieurs semaines. S'exercer peu de temps mais avec régularité s'avère plus utile que de s'exercer longtemps, mais rarement.

Méditer ne signifie pas contrôler notre propre esprit, mais bien plutôt apprendre à ne pas le laisser nous contrôler.

AVEC UNE SYMPATHIQUE TÉNACITÉ

La méditation nous enseigne à ne pas sauter dans chaque raisonnement et à ne pas réagir tout de suite de façon automatique. Ainsi, le temps fait naître plus d'espace en nous. Nous voyons croître notre capacité à *contenir* des états désagréables, tels qu'une certaine agitation ou une tension intérieure. Contenir un état intérieur ne revient pas à endurer quelque chose, en serrant les dents et en subissant. La méditation nous enseigne à tolérer la frustration et à contrôler nos impulsions. Non parce que nous nous interdisons avec acharnement de réagir, mais dans la mesure où nous portons patiemment, encore et encore, notre attention sur notre respiration, avec une sympathique ténacité, bien que notre esprit ait nettement plus envie de suivre ses impulsions. Ainsi nous remarquons, avec le temps, que nous n'explosons pas, que cela continue de nous démanger et que nous ne grattons pas. Nous remarquons que nous ne devons pas gratter, mais que nous pouvons décider de le faire ou non. Nous ne devons plus automatiquement saisir un carré de chocolat, une cigarette ou notre téléphone portable. Nous pouvons peut-être retenir la remarque rude que nous avons sur le bout de la langue et que nous pourrions regretter par la suite.

Celui qui apporte plus de conscience dans son existence redeviendra maître de son propre foyer.

L'objet de votre attention est aussi l'objet vers lequel afflue votre énergie. Voulez-vous dépenser votre énergie pour avoir un problème ou bien pour trouver une solution ? Pour ce qui vous énerve, vous met en colère ou vous pèse, ou bien pour ce qui vous renforce, vous soutient, vous réjouit et peut donner un sens positif à votre situation ? Privez de votre attention les cercles négatifs de pensées et les problèmes qui vous hypnotisent. Renforcez ce qui vous donne de la force.

DESCENDRE DU TRAIN DE SES PENSÉES

Imaginez que l'intérieur de votre tête est une gare animée et que vous êtes assis sur le quai à observer ce qui se passe. Les trains qui arrivent et repartent sont vos pensées. Celui qui commence à méditer détecte de plus en plus souvent les fois où il est monté involontairement dans un train qui prend une direction dans laquelle il ne voulait pas aller – par exemple en direction de la ville des soucis, du village de la colère ou encore de la maison de la rumination. Prenez conscience que vous ne devez pas rester dans ce train. Vous pouvez en descendre.

Ne croyez pas tout ce que vous pensez.

Tout ce que vous pensez n'est pas automatiquement vrai. Nous avons tous des pensées importantes, nobles et intelligentes. Mais aussi une sacrée flopée de répétitions inutiles qui tournent en rond, de dévalorisations de soi, de reproches infondés et de scénarios catastrophes. Les pensées ne sont qu'une offre mentale – et, comme une invitation à danser, vous pouvez les éviter. Certains de ces désagréables partenaires mentaux de danse sont incroyablement pressants. Les ignorer ou les envoyer paître n'apporte souvent rien. Essayez ça :

Ah, encore toi !

★ Adressez-vous à vos pensées comme à un ami fatigant, mais gentil. « Ah, te revoilà. Je ne crois pas tout ce que tu racontes, mais tu peux tranquillement t'asseoir par ici. »

Le programme radio

★ Nommez les méandres de vos pensées compliquées comme une station de radio. Est-ce le programme « Tout ce qui va de travers chez moi » qui passe dans votre tête ? La station « Ça va sûrement foirer » ? Peut-être écoutez-vous souvent l'émission « Le Top 10 de mes petits malheurs de la semaine dernière » ? Trouvez une étiquette qui fait un clin d'œil, remarquez que le programme passe et ne vous en souciez plus – comme quand vous laissez la radio en musique de fond.

Nous ne pouvons pas décider de couper court à certaines pensées bien précises. Orienter nos efforts dans ce sens est voué à l'échec et empire souvent les choses, car ces pensées nous font dorénavant peur. Gérer des pensées difficiles suppose bien plutôt de prendre du recul et de ne pas nous y impliquer.

DÉTENDRE SON CORPS ET SON ESPRIT

Plus nous créons des conditions dans lesquelles notre corps et notre esprit sont tranquilles, plus nous nous familiarisons avec un état intérieur d'équilibre. Nous sommes des animaux routiniers : heureusement, cette affirmation ne vaut pas seulement pour les habitudes nocives, mais aussi pour les habitudes utiles. Pas à pas, cet état d'équilibre gagnera en normalité. Nous remarquons plus vite quand nous le quittons et sommes alors en mesure de tourner le volant.

RELAX, MY DEAR

Offrez à votre corps et à votre raison la possibilité de débrancher, de descendre, de se détendre. C'est justement ces moments que celui qui subit une pression ou une forte tension a tendance à réduire, car il pense manquer de temps pour cela. Mais personne ne peut accomplir de bonnes performances sur le long terme sans se détendre ni se régénérer. Nous nous contentons de pousser encore vers le haut la spirale de stress et tombons un jour ou l'autre malades. Parmi cette collection de possibilités aidant à vous détendre physiquement et spirituellement, lesquelles vous plaisent ?

★ Prendre un bain moussant chaud aux chandelles.

★ Faire un bon sauna ou, mieux encore, réserver un week-end de soins bien-être avec votre meilleure amie.

★ Apprendre une forme de travail physique de méditation, comme le yoga, le qi gong ou le tai-chi.

★ Suivre un cours visant à maîtriser votre stress par la pleine conscience, le training autogène ou la relaxation musculaire progressive.

★ Laisser le quotidien derrière vous et vous promener dans la nature, par exemple en montagne ou en bord de mer.

★ Vous dépenser de façon amusante et réduire votre énergie de stress grâce au sport ou à la danse.

★ Chanter ! C'est l'une des activités la plus à même de stimuler, d'augmenter votre créativité et de créer des liens. Cherchez un chœur qui chante par plaisir (et non par souci de performance) et participez à un week-end musical.

★ Tout ce qui vous procure de la joie et qui vous sort de votre tête pour vous amener à une action physique si possible délicieuse : jardinage, sport, sexe, peinture, poterie, cuisine et dégustation en groupe, musique, danse, jeux avec les enfants et les animaux.

BIEN S'OCCUPER DE SOI

Dans notre marathon quotidien
de choses à faire, nous nous oublions
souvent nous-mêmes. Nous nous occupons souvent mieux de notre voiture que de nous. Remplissez cette page dans l'idée de la consulter la prochaine fois que vous chercherez de l'inspiration pour vous traiter vous-même avec tendresse.

La meilleure solution pour recharger mes batteries est de

Pour me chouchouter moi-même, je pourrais

Je deviens vraiment de bonne humeur quand

Mon cœur et mon âme pourraient respirer si

QUELQUES PAS VERS UNE VIE PLUS DÉTENDUE

1

Connaissez ce que vous avez hérité de l'âge de pierre

Dans la mesure où nous appartenons à la race humaine, nous sommes experts en modes « combat » ou « fuite ». Quand votre homme préhistorique intérieur veut entrer en action, prenez conscience du fait que son intention est bonne, mais que sa stratégie n'est pas forcément la plus intelligente. Tapez-lui sur l'épaule pour le rassurer et rappelez-lui qu'il ne s'agit pas là d'une question de vie ou de mort.

2

Éliminez consciemment les facteurs de distraction ou de séduction

Sans cesse, autour de nous, des choses charment notre attention, partout ça clignote et ça pépie. Octroyez-vous davantage de calme. Allumer la radio dès que vous prenez la voiture vous détend-il réellement ? Devez-vous vraiment être informé à la seconde de chaque SMS ou de chaque mail que vous recevez ?

3

De petits gestes, un grand effet

Votre voisine condescendante, votre belle-mère pédante : si vous avez dans votre entourage des personnes avec lesquelles il est difficile de s'entendre mais que vous ne parvenez pas toujours à éviter, le truc suivant peut vous aider : cherchez un geste discret qui permette de dissiper dans l'air un comportement irritant. Vous pouvez par exemple enlever de manière détendue une peluche de vos épaules, ou bien actionner avec votre doigt une chasse d'eau imaginaire : vous faites alors disparaître votre contrariété, à la perfection et en souriant intérieurement.

4

Trouvez une méthode de détente appropriée

Baissez le niveau de votre tension, sinon la sérénité n'a pas grande chance de gagner. Il existe une multitude de possibilités parmi lesquelles choisir, comme la relaxation musculaire progressive, le training autogène, le yoga ou le tai-chi. L'un des moyens dont l'efficacité a été le plus prouvée est l'apprentissage de la méditation par la pleine conscience, comme l'enseignent par exemple le programme de gestion du stress par la pleine conscience (MBSR — *Mindfulness Based Stress Reduction*) ou les centres bouddhistes de méditation.

5

Prenez du recul par rapport à vos pensées

Toutes les pensées qui vous traversent l'esprit ne sont pas vraies. Vous ne devez pas prêter attention à chacune d'elles. L'humour et un recul sain vis-à-vis du cinéma dans votre tête font des miracles.

6

Prenez soin de vous-même

Notre corps manifeste sans cesse le besoin que nous réagissions. Nous ignorons pourtant souvent ses signaux ou les remarquons seulement quand ils deviennent extrêmes et que nous avons depuis longtemps franchi nos limites. Le surmenage et la sérénité ne vont pas bien ensemble. Occupez-vous bien de vous-même.

Chapitre 4

Faire la paix avec soi-même et avec le monde : surfer sur les vagues de la vie

Dans ce chapitre, vous apprendrez :

- comment nous passons très facilement du non au oui ;

- en quoi les grandes lois de la vie nous aident à mieux gérer les petites difficultés ;

- comment nous pouvons apprendre à nous pardonner ;

- comment nous pouvons nous entraîner à gérer sereinement une situation lorsque nous ne sommes pas sereins.

LE GRAND OUI

Dans son ouvrage plein d'intelligence intitulé *Comment faire quand rien ne va plus*[8], le médecin et auteur Jens Baum propose sur ce thème une formule facile à retenir :

« Les choses sont comme elles sont. Je les accepte telles qu'elles sont. Je passe à l'étape suivante. »

Ces propos ont l'air logiques, n'est-ce pas ? Pourquoi donc nous donnent-ils autant de mal ? Imaginez que vous avez passé toute la journée à vous réjouir à l'idée d'avoir une soirée détendue : les pieds en hauteur, un bon verre de vin à la main. À la place, votre chat vomit sur le tapis du salon. *Non, non, non ! Ce n'est pas vrai !* Au lieu de dire oui, notre réaction intérieure est plutôt : *Les choses sont comme elles sont, et elles ne me plaisent pas telles qu'elles sont, donc je m'y oppose.*

Il est important de prendre conscience du fait que ce réflexe défensif est une réaction tout à fait compréhensible et naturelle. Elle est facile à saisir. Et elle ne sert à rien.

ABANDONNER LA RÉSISTANCE

Des choses désagréables se produisent. De petites difficultés comme des choses vraiment graves. Chaque homme éprouve des douleurs, émotionnelles et physiques. Si nous nous y opposons, ces douleurs s'aggravent. Le bouddhisme a même une formule pour décrire ce phénomène : la douleur, multipliée par la résistance, donne la souffrance.

Douleur x Résistance = Souffrance

La douleur est sûrement désagréable. Mais la souffrance vient du fait que nous opposons une résistance à la douleur. La petite expérience qui suit vous permet de tester sur vous-même l'effet de cette résistance :

Fermez les yeux. Prenez quelques profondes respirations, sur lesquelles vous concentrez votre attention. Vous opposez à présent un NON mental à tout que vous percevez dans les moments à venir. Que ce soit une chose que vous entendez ou que vous sentez, que vous pensez ou que vous ressentez – dirigez l'énergie du refus, de la résistance, vers toutes ces perceptions. Sentez comment ce NON se manifeste en vous. Comment votre corps le ressent-il ? Vous repoussez chacune de vos expériences, quelles qu'elles soient, avec un NON. Comment devient votre respiration ? Votre tonus musculaire ? Votre humeur ? À l'issue de ce petit exercice, ouvrez les yeux et secouez-vous pour vous débarrasser de l'énergie défensive.

Beaucoup de personnes ressentent rapidement, grâce à cette expérience, qu'un « non » intérieur nous rétrécit. Nous crispons nos muscles, nous nous durcissons et nous préparons – vous le pressentez – à combattre ou à fuir.

Sur un plan tout à fait instinctif, ce «non» signale à notre système: Attention, danger!

UN FEED-BACK DU CORPS ET DE L'ESPRIT

Notre réaction de défense est aussi naturelle et compréhensible – qui donc a envie de nettoyer le vomi du chat sur son tapis ? – que contre-productive. Au fait déjà désagréable qu'une chose se déroule autrement que nous le souhaitions, cette réaction ajoute une tension physique et mentale. Dans la mesure où les processus physiques et l'activité du cerveau sont reliés les uns aux autres dans une interaction permanente, le cerveau « lit » la tension de nos muscles, consécutive à la réaction de défense, comme un signal de danger et sécrète davantage d'hormones de stress pour se préparer à une éventuelle attaque extérieure. L'engrenage se met alors en marche, compliquant encore le tout.

Nous voyons mieux à présent pourquoi « tolérer, accepter, approuver » est une attitude si sensée : quand je parviens à dire « oui » aux choses telles qu'elles sont, je n'ai pas besoin de dépenser d'énergie à construire une défense. Je peux envisager calmement la situation et voir si je peux faire quelque chose pour impulser un changement positif, ou s'il est mieux de ne rien faire.

Prenez conscience que le fait que vous puissiez ou non dire « oui » n'exerce aucune influence sur ce qui s'est passé. Et même si vous dites « non », ce qui s'est déjà passé ne changera pas.

SE RÉCONCILIER AVEC L'INSTANT

L'extérieur n'est pas seul à refuser d'obéir à nos souhaits – par exemple, il pleut alors que nous avions commandé le soleil pour notre pique-nique. Nous ne contrôlons pas non plus notre propre monde intérieur. Nous voulons être détendus, mais nous remarquons que nous nous énervons. Nous voulons être souverains, mais nos jambes flageolent. Que faire ?

Accepter qu'il en soit ainsi. Et nous prendre tels que nous sommes.

Je vous raconterai une histoire personnelle : je m'étais inscrite, il y a quelques années, à une retraite de méditation en Suisse, d'une durée de plusieurs semaines. Mon mari, quant à lui, voulait partir au Népal pour un trekking et avait encore une fois essayé de me convaincre de l'accompagner. « Nous passerons un si bon moment ! Imagine-toi le soleil se lever sur l'Annapurna ! » Mais j'étais bien décidée. Je me réjouissais tant à l'idée du calme et du recueillement intérieur. Mes attentes étaient si grandes que je me trouvais presque heureuse de dire au revoir à mon mari.

Et maintenant que le cours de méditation avait commencé, qu'en était-il de la belle sérénité et de mon calme intérieur ? *Nada* ! Rien ! Les deux ou trois premiers jours, je pouvais encore comprendre mon excitation, je devais tout d'abord m'adapter au déroulement de la journée. Mais je devins de plus en plus impatiente et mécontente de moi. Pourquoi étais-je donc allée là-bas ? Le calme intérieur, auquel j'aspirais tant, semblait être à cent lieues de moi. À la place, ma cervelle pétaradait et s'imaginait des images de levers de soleil sur l'Himalaya. J'avais l'impression d'être un jeune enfant auquel on avait promis une sucette s'il quittait l'aire de jeux et qui rentrait à la maison, et maintenant, rien, pas de sucette. Ni l'Himalaya ni mon bien-aimé, mais pas non plus de calme psychique. Au lieu de cela, une frustration et une déception croissantes.
Tous les deux ou trois jours, il était possible de dialoguer avec un professeur de méditation. Fred von Allmen, assis alors face à moi, me regardait chaleureusement tandis que je lui dépeignais ma misère et ma révolte contre la situation. Il se tut un moment,

puis dit posément : « Oui, de telles choses arrivent, n'est-ce pas ? La seule attitude utile est de faire la paix avec toute cette affaire ! » Je n'oubliai jamais ce conseil. *Faire la paix avec ma propre discorde.* La paix avec ma révolte, mon insatisfaction, mon jugement à l'égard de moi-même. Ne plus lutter contre le fait qu'une voix intérieure lancinante dise que j'avais commis une erreur en venant ici. *Oui, c'était ainsi.* Quel soulagement !

La paix de l'âme ne naît pas quand, d'un coup, comme par magie, tout devient bien et paisible, mais quand nous apprenons à faire la paix avec les choses telles qu'elles sont, et avec nous tels que nous sommes.

Alors la tension s'apaise, puis nous prenons la question moins à cœur. Enfin, nous voyons des alternatives ou une solution. Un changement peut arriver. Cette conversation modifia mon expérience. Non pas que tout soit par la suite devenu plus léger. Mais quand je recommence à lutter contre moi-même et contre les circonstances, je me souviens du sourire de Fred. *Faire la paix.*

DIRE « OUI » À LA VIE

Si vous souhaitez un jour essayer à petite échelle de voir l'effet produit, faites l'expérience suivante. Fermez les yeux et autorisez votre visage, vos épaules et votre ventre à se détendre. Votre respiration devient d'elle-même un peu plus profonde. Quoi que vous perceviez au cours des minutes suivantes, dites un OUI intérieur à votre expérience. Accueillez tout ce que vous entendez, sentez ou pensez avec une franche acceptation. Même si vous percevez une chose qui vous est désagréable, dites OUI : OUI à la voix intérieure qui trouve l'exercice débile, OUI à votre impatience, à votre mal de dos, à votre « non » intérieur, OUI à vous-même, OUI à tout ce qui se passe – laissez tout ce qui émerge flotter dans un très grand champ de OUI, sans rien en faire d'autre. Remarquez comment votre corps trouve ce OUI. Y a-t-il plus de place dans votre poitrine ? Comment va votre respiration ? Qu'éprouvez-vous quand vous traitez la vie avec un OUI ?

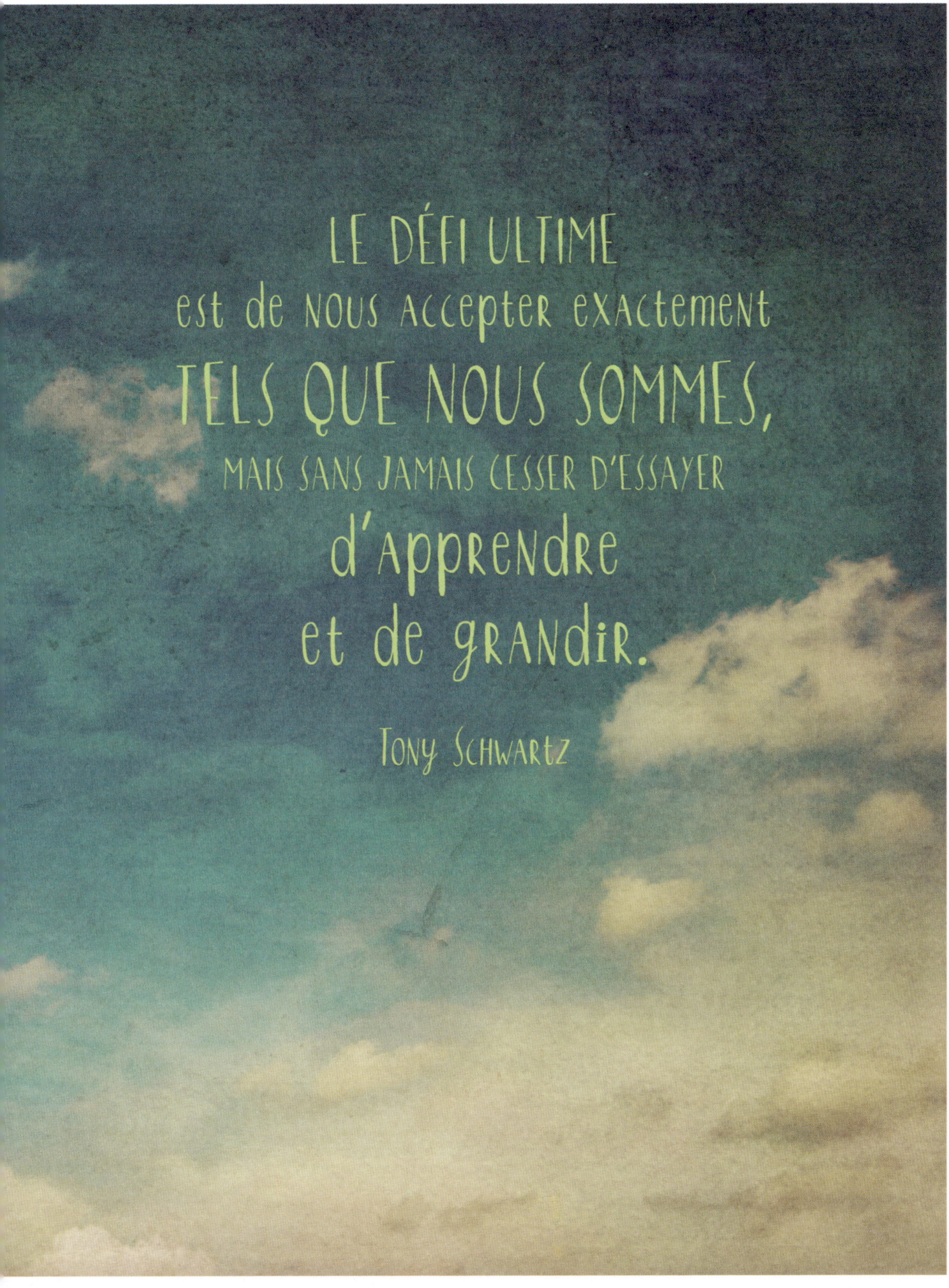
LE DÉFI ULTIME
est de nous accepter exactement
TELS QUE NOUS SOMMES,
MAIS SANS JAMAIS CESSER D'ESSAYER
d'apprendre
et de grandir.
Tony Schwartz

SE PRENDRE TEL QUE L'ON EST

Il n'est pas simple de faire la paix avec soi-même. **Nous ne chapitrons presque personne aussi durement que nous-mêmes.** Atteindre la sérénité, eu égard à nos propres erreurs (présumées ou avérées) et à nos propres insuffisances, est un processus souvent progressif.
Une participante à mes cours, Élisabeth, raconte l'histoire suivante :

« Lors d'un déplacement professionnel, je dus faire un arrêt imprévu à l'aéroport. Dans la zone d'attente, un représentant en cosmétique m'adressa la parole, prétendant avoir une offre unique pour un teint radieux. Un discours commercial sur le collagène dans la zone duty free *était la dernière chose dont j'avais besoin. Je l'envoyai balader. À deux reprises. À trois reprises. Que voulez-vous, je finis par me laisser attendrir et par signer une souscription d'une valeur de quatre cents euros pour des produits de beauté.*
Sur le chemin de la maison, mon ventre se pliait de honte. Comment allais-je l'expliquer à mon mari ? Nos finances ne nous permettaient vraiment pas un tel écart. Je ne réalisais presque pas moi-même la situation. Je n'étais pourtant pas une bécasse naïve qui se laisse refiler des conneries chères par un représentant venu d'on ne sait où !
Pendant quelques jours, mes pensées ne tournaient qu'autour de cette histoire funeste.
Vous connaissez sans doute ce genre de situation : on pense que ce n'est qu'un mauvais rêve, "je vais tout de suite me réveiller et tout ira pour le mieux".
En comparaison des problèmes vraiment importants, on peut dire que ce n'est qu'une question d'argent, et bien sûr, c'est vrai. Toute cette histoire me travaillait aussi beaucoup, car je ne parvenais pas à réaliser que je m'étais laissé rouler de la sorte par des promesses d'une peau jeune et douce. Avant de vivre cette expérience, j'aurais pensé : cela n'arrive qu'aux autres, qu'aux personnes totalement naïves.
Et maintenant, cela m'arrivait à moi, une citadine éclairée, qui se pensait immunisée contre de telles situations. »
Cette histoire, elle aussi, rend une paix intérieure possible : Élisabeth devrait, à un moment ou à un autre, admettre qu'elle n'était pas immunisée.
Elle devrait ajuster son image de soi

à la réalité. Même si une telle aventure eût été, pour elle, inimaginable, il s'agissait purement de faits. « Cette affaire ne remonte qu'à quelques semaines, et j'arrive maintenant à vous la raconter sans rougir. Je peux même tirer mon chapeau au type de l'aéroport – il était simplement un excellent représentant. Il m'a simplement bien embobinée. Quand je racontai cette histoire à mon mari, je fus presque soulagée : respirer à fond et avouer que j'avais fait une connerie. »

OUI, C'EST AINSI

Nous ne sommes tous que des hommes. Nous ne sommes pas parfaits. Nous faisons des bêtises, nous loupons des examens, nous causons des déceptions. Au lieu de continuer à nous faire des reproches et à nous décevoir nous-mêmes, mieux vaut nous *dé-tromper*. Car le fait de supposer avoir commis une erreur est une tromperie, qui consiste à penser qu'aucune erreur n'aurait *dû pouvoir* nous arriver. Et cela ne se passe pourtant pas ainsi. La représentation que nous avons de nous-mêmes s'avère être une tromperie. Si nous arrivons à convenir de ce point, nous pouvons retrouver le calme et assumer nos responsabilités. Nous pardonner une faute à nous-mêmes ne signifie pas ne pas tenir compte de certains de nos actes que nous trouvons problématiques, les justifier ou les approuver. Citons encore une fois Élisabeth à ce propos :

« Entre-temps, une sorte de sérénité s'était installée. Je réussis à accepter le fait que je rêvais, grâce au bon produit de beauté, d'avoir une peau comme celle de mes vingt ans. Je suis au milieu de ma quarantaine et, oui, je trouverais bien que mes rides disparaissent. Si je me leurre moi-même et me dis qu'elles ne me font aucun effet, j'en suis d'autant plus facile à séduire. Au lieu de continuer d'avoir honte, j'ai tiré une leçon de cette affaire. »

Peu importe qu'il s'agisse de savoir de quoi nous avons l'air, comment nous nous comportons ou pourquoi nous sommes dans cette situation : il existera toujours un point sur lequel nous ne correspondrons pas à notre idéal. Cela ne signifie pas que nous ne devons pas avoir d'idéal. Peut-être que devenir adulte, c'est arriver plus facilement à faire la paix avec nos idéaux quand nous ne les atteignons pas.

LES LOIS DE LA VIE

Les monastères bouddhistes proposent un exercice, qui paraît étrange de prime abord. Les moines et les nonnes récitent les phrases suivantes :

Il est dans ma nature de vieillir.
Je ne peux pas échapper à l'âge.
Il est dans ma nature de tomber malade.
Je ne peux pas échapper à la maladie.
Il est dans ma nature de mourir.
Je ne peux pas échapper à la mort.
Tout ce qui m'est cher et tous ceux que j'aime sont soumis au changement.
Je ne peux pas échapper à leur perte.

Vivre une existence humaine est indéfectiblement lié à la souffrance. Dans notre société, nous faisons beaucoup pour refouler cette réalité. Et ici, elle est explicite. N'est-ce pas morbide ? Cela rend-il dépressif ? Ou bien le fait de remettre devant nos yeux, sans cesse, les données intangibles de la vie pourrait-il avoir un sens ? Non pour créer du désespoir, mais pour atteindre sérénité et estime de soi. Que cela nous plaise ou non : nous sommes soumis à la mortalité de l'être, au changement, à la perte, à la maladie et au vieillissement.

Dès le jour de notre naissance, nous nous dirigeons vers notre mort. Une fois que nous en avons pris conscience, comment voulons-nous passer notre temps ?

À quoi bon m'énerver?
Qu'est-ce qui importe réellement?
Quelles sont mes priorités?
Quels sont les êtres et les choses pour lesquels je souhaite développer de l'estime et de la gratitude?

Celui qui ferme les yeux devant la législation de la vie passe ses journées comme si sa vie n'était qu'une répétition, un prologue, et que la vraie vie allait encore arriver. Nous sommes alors choqués quand, à un moment ou à un autre, nous comprenons que le temps file. Dans son livre intitulé *Les 5 Regrets des personnes en fin de vie*, Bronnie Ware, infirmière en soins palliatifs, décrit comment des hommes sur leur lit de mort prennent douloureusement conscience d'avoir perdu de vue ce qui aurait été vraiment important pour eux.

La sérénité pour les petites choses qui nous agacent si vite peut naître à partir du moment où nous avons les grandes choses en vue.

LES DIFFICULTÉS SONT OK

Beaucoup d'hommes voient Sa Sainteté le quatorzième dalaï-lama comme la personnification de la belle sérénité. Dans une interview, le dalaï-lama raconta comment, à l'âge de quatre ans, alors qu'il était l'heureux fils d'une famille de paysans, il fut soudain séparé de ses parents. On avait vu en lui l'incarnation du précédent dalaï-lama, et il devait à présent partir très loin, à Lhassa, pour recevoir l'éducation d'un moine. Se sentant légitimement seul et intimidé, il fut heureux qu'un tuteur soit placé à ses côtés. Une profonde amitié lia ce moine et le jeune dalaï-lama durant plusieurs années.
Un jour, une incartade de la sentinelle qui se trouvait aux côtés du dalaï-lama lui fit perdre son ami intime. En racontant cette perte à un journaliste, le dalaï-lama se mit à pleurer. Le journaliste était irrité : cette perte remontait à tant d'années ! Comment la personne incarnant la maturité spirituelle et la sérénité émotionnelle ne l'avait-elle par surmontée depuis longtemps ?
Le dalaï-lama laissa tranquillement ses larmes couler jusqu'au bout, se moucha, puis dit enfin, en secouant la tête : « Pourquoi pensez-vous toujours, vous Occidentaux, qu'on devrait tout surmonter et tout régler ? Ce fut l'une des pertes les plus douloureuses de mon existence. Elle m'affecte toujours et m'affectera encore sur mon lit de mort. Qu'y a-t-il de grave à cela ? »

J'ai entendu cette histoire au cours d'une conférence, il y a des années, et je ne sais pas si elle s'est ou non passée exactement ainsi. Les années lui ont donné à mes yeux une réelle importance, car elle dévoile une profonde leçon sur la sérénité : la vraie sérénité ne se manifeste pas dans le fait de ne plus éprouver de sentiments difficiles, de ne plus se sentir triste, en colère ou seul. Nous pouvons reconnaître et agréer le fait que nous nous sentons ainsi – même si ce n'est pas agréable.

S'autoriser des sentiments difficiles, au lieu de les combattre, et être capable de compréhension envers soi-même et envers la situation – cela crée la paix intérieure.

TROUVER LA SÉRÉNITÉ DANS LES TEMPS DIFFICILES

Il peut s'avérer particulièrement difficile d'être serein quand une personne qui nous tient à cœur ou dont nous sommes responsables rencontre des difficultés. Pour les parents de jeunes enfants, qui sont les deux à la fois, il arrive que ce soit à la limite du supportable. Les personnes qui exercent un métier d'aidant dépensent souvent une énergie énorme à voir combien leurs patients souffrent et combien leurs protégés sont en détresse, et comment ceux-ci saisissent à peine leurs tentatives pour les aider.

ACCOMPAGNER AUTRUI À TRAVERS LES DIFFICULTÉS

Ma sœur me raconta ce qui l'aide, quand elle passe du temps avec ses enfants, à relâcher en partie la tension qui s'empare d'elle dès qu'elle se fait du souci : « Avec les années, j'ai compris que je ne suis pas la seule responsable du bien-être et du malheur de mes enfants. J'aimerais bien sûr les protéger de toutes les misères et de toutes les douleurs, mais je n'en suis pas capable. Je ne peux pas leur épargner tous les problèmes, et même si je le pouvais, ce ne serait sans doute pas une bonne idée. Les difficultés que nous rencontrons nous font tous grandir, et les enfants sont souvent bien plus résistants que nous ne le pensons. Ils n'ont pas non plus besoin de parents parfaits. Le plus important est que leur relation soit placée sous le sceau de l'amour. Et ils ont besoin que je sois confiante dans le fait qu'ils ont la force de gérer des problèmes. » La confiance des parents renforce leurs enfants ; des soucis et des appels perpétuels à la prudence les paralysent.

Nous pouvons aimer d'autres personnes et nous faire du souci pour elles, mais nous ne pouvons pas les soulager de toutes les difficultés. Pour les accompagner sur leurs trajets difficiles et leur apporter un réel soutien, nous devons trouver en nous un espace qui nous permette de rester ouverts à la douleur et à la souffrance, sans pour autant laisser ces dernières nous terrasser. Un espace où trouver un équilibre intérieur, une paix intérieure. Un espace où nous savons que tout change, que la souffrance et la joie vont et viennent dans chaque vie.

Quelques phrases tirées d'un exercice de pleine conscience, pour cultiver la constance

- *Je souhaite de tout cœur que tu ailles mieux. Et j'accepte de ne pas pouvoir te retirer ton chagrin, ta douleur.*
- *Quelle que soit la force avec laquelle je souhaite, pour toi et pour moi, que les choses soient différentes : elles sont comme elles sont.*
- *Je m'exerce à avoir confiance dans le fait que tu trouves la force de gérer les difficultés que tu rencontres.*

Se rappeler qu'on a soi-même déjà surmonté des périodes difficiles peut aider à être confiant dans le fait que d'autres y parviennent aussi.

UNE SAGESSE HÉRITÉE DE LA CRISE

Quand nous sommes au beau milieu d'une crise, le présent et le futur prennent souvent un visage sinistre et inquiétant. Comme notre réaction de stress bat son plein, nous voyons avec des œillères, nous fixons ce qui nous inquiète, comme le lapin regarde le serpent, et nous avons du mal à nous représenter que les choses peuvent évoluer ou changer d'une manière positive. N'avons-nous pas fait une telle expérience à plusieurs reprises ?

Prenez un peu de temps pour réfléchir, et rappelez-vous un épisode douloureux que vous avez traversé, un grand challenge ou une crise vécue dans votre passé.
Si vous regardez en arrière, parvenez-vous à trouver un élément positif qui en soit sorti ? Avez-vous appris quelque chose que peut-être seul cet événement pouvait vous enseigner ?
Pensez maintenant au plus grand défi qui vous attend en ce moment.
Que pourra-t-il en sortir de bon ?
Qu'espérez-vous en apprendre plus tard, quand vous jetterez un regard en arrière ?

ACCEPTER CE QUI EST

La sérénité peut survenir quand nous réunissons des conditions qui lui sont favorables. Nous ne pouvons pas la fabriquer. S'efforcer d'essayer d'être serein peut constituer un obstacle majeur à la sérénité, comme l'illustre cette histoire que j'ai moi-même vécue.

MON ALLIANCE ET MOI

Un après-midi d'été torride. Sur le chemin du retour d'une excursion, nous nous arrêtons au bord d'un lac. Installés sur le caillebotis se prolongeant dans l'eau, nous enfilons nos maillots. Je confie mes boucles d'oreilles et mon alliance à mon mari, pour qu'il les mette à l'abri dans la poche de son pantalon munie d'une fermeture éclair. L'eau est excellente et nous barbotons, jusqu'au moment où nous devons nous remettre en route. Au moment de se rhabiller, Lothar me rend mes bijoux, et ma bague glisse entre ses mains. Hébétés, nous regardons tous deux comment elle roule illico le long du ponton et tombe dans l'eau. Comme l'eau n'est pas profonde à cet endroit, je ne me fais pas trop de souci. Nous l'aurons bientôt récupérée. Lorsque je me penche depuis le caillebotis, je vois un objet scintiller dans l'eau trouble. Mais mes tentatives pour attraper ma bague remuent tellement le fond qu'on n'y voit plus rien. Me suis-je trompée ? La bague n'est-elle pas du tout là ? Je suis encore tout à fait détendue, nous la retrouverons. Il faut retourner dans l'eau. Après trois quarts d'heure de recherche, nous abandonnons. Nous avons encore un long trajet devant nous pour rentrer à la maison, il est tard. OK, sois sereine, me dis-je à moi-même. Ce n'est pas si grave. Cette bague n'est en fin de compte qu'un symbole extérieur. S'attacher aux choses matérielles rend dépendant. Tu peux t'entraîner à lâcher prise. Mon mari est bourré de remords. Ce n'est pas si grave, lui dis-je, nous pouvons en faire fabriquer une nouvelle. Je mets un long moment avant de me rendre compte que je me mens à moi-même. Derrière ma sérénité apparente, je suis très furieuse. Pourquoi n'a-t-il pas fait plus attention ? Eh, merde ! Il n'y a vraiment pas beaucoup de choses matérielles qui revêtent une réelle signification pour moi, et c'est justement mon alliance qu'il fallait laisser tomber dans l'eau !

Ne t'énerve pas tant, me dis-je encore. Cela n'apporte rien. Ta bague a disparu, il faudra bien t'y faire.
Pendant un moment, mes pensées vont et viennent : colère et efforts pour calmer cette colère. Puis le début d'un ancien texte zen me vient à l'esprit : *Le chemin suprême n'est pas difficile, pour peu que tu arrêtes simplement de choisir.* En langage plus courant, nous dirions : il est vraiment sage non pas de se réserver la meilleure part mais de prendre tout comme il vient. Suis-je en train de le faire ? J'essaie de me persuader qu'il existe une vie sans difficulté, sans colère, sans peine, qui naîtrait naturellement quand on perd une chose qui nous importe. *Je veux le bon côté de la sérénité sans prendre le tout, y compris ses aspects désagréables.*

Je comprends soudain dans quelle mesure mon image de moi-même me fait obstacle. Je veux gérer la situation de façon sereine et détendue, je voudrais bien me voir comme une personne qui y parvient. Mais je ne peux me détendre vraiment et accepter la réalité que si j'arrête de me persuader que je dois être détendue. J'ai essayé de faire le deuxième pas avant le premier. Accepter : ce qui signifie, dans le cas présent, accepter tout d'abord que je sois furieuse et triste. Me forcer à être sereine ou m'en persuader ne peut pas fonctionner tant que les sentiments et les besoins cachés n'ont pas de place.

Une profonde respiration m'envahit à l'instant où je m'autorise à éprouver ce que je sens en ce moment : une colère désemparée envers mon mari, de la tristesse, de la déception…
Des larmes se mettent à couler le long de mes joues et mon soulagement croît encore quand je dis à mon mari comment je me sens réellement. Je sais bien sûr qu'il n'a pas fait tomber ma bague exprès et qu'il regrette son geste. Mon cœur devient néanmoins plus léger seulement quand je lui avoue et que je m'avoue à moi-même que je suis malgré tout en colère contre lui et que j'aurais préféré qu'il fasse plus attention. Lors de notre discussion suivante, je parviens aussi mieux à l'écouter exprimer ses remords. Ce genre de chose arrive tout simplement, et cela paraît totalement anodin quand on est dans le pardon.

La véritable sérénité naît quand nous pouvons tous deux accepter ce qui s'est passé et la manière dont ça se passe pour nous.

LES CERCLES CROISSANTS DE L'ACCEPTATION

Exercice

Imaginez que vous lancez une pierre dans l'eau calme d'un lac. Autour du point d'impact se forment alors des ondulations, qui s'élargissent en cercles concentriques à la surface de l'eau : tout d'abord un premier cercle, puis un deuxième, un troisième, un quatrième. Cette image des cercles croissants peut nous aider quand nous nous révoltons et restons intérieurement attachés à des pensées ou à des sentiments compliqués.

★ *La pierre tombée dans l'eau, le point central* : elle représente ce qui s'est passé. Dès que vous êtes en mesure de l'accepter du plus profond de votre cœur, la paix se propage en vous.

★ Dans des situations difficiles, une autre réaction supplantera souvent une telle acceptation : par exemple la déception, l'indignation, l'incrédulité. *Mais ce n'est pas possible ! Je ne peux pas le croire !* Cette réaction constitue le premier cercle dessiné autour du point central.

★ Si, en revanche, vous dites « oui » à cette réaction, vous pourrez vous détendre. Vous pouvez alors accepter que ce soit ainsi : Oui, cette réaction se produit en moi. Je suis totalement furieux, déçu, indigné, frustré…

★ Mais souvent les choses sont tout sauf simples. Nous autres, êtres humains, trouvons en effet rapidement que nous n'aurions pas dû réagir ainsi, que nous devrions être autrement, plus raisonnables, plus détendus. Nous nous évaluons nous-mêmes et nous révoltons contre notre propre réaction. Dès que vous l'aurez remarqué, vous pourrez à nouveau reculer d'un pas et voir : *Ah oui, c'est ainsi ! J'ai en moi cette révolte, cette résistance.* Et un nouveau cercle d'acceptation se formera.

★ Chaque fois que vous autorisez que les choses en vous aient l'air telles qu'elles ont justement l'air, une part de calme et de sérénité naîtra.

Et le point positif est que vous ne pouvez rien faire ici de travers : dès que ça coince et que ça devient étroit en vous, vous pouvez à nouveau faire un pas en arrière. Comme les cercles à la surface de l'eau, l'acceptation peut croître et croître et croître encore et encore. Peut-être votre voix intérieure vous dit-elle *« Ah ça non ! Je ne peux en aucun cas l'accepter intérieurement »* ? Et dès que vous l'aurez remarqué, vous pourrez de nouveau reculer d'un pas et vous dire aussi tendrement que possible : *Ah oui, c'est ainsi, je ne veux pas l'accepter intérieurement.* Vous pouvez également intégrer cet élément au cercle de l'acceptation.

*Acceptez que les choses
soient comme elles sont,
même si elles ne vous plaisent pas.
Moins vous luttez contre
ce qui vous arrive,
plus cela peut changer facilement.*

Le berger et le temps

En se promenant, un homme croise un troupeau de moutons et engage la conversation avec le berger. « Quel temps fera-t-il demain ? », lui demande-t-il. « Exactement celui que j'aime », lui répond le berger. « Comment savez-vous que le temps sera précisément celui que vous aimez ? », demande le promeneur. « C'est très simple, répond le berger. J'ai fait l'expérience que je n'obtiens pas toujours ce que je souhaite. Alors j'ai appris à toujours aimer ce que je reçois. C'est pourquoi je suis certain que le temps sera comme je l'aime. »

Auteur inconnu

QUELQUES PAS VERS UNE PLUS GRANDE PAIX INTÉRIEURE

1

Les sentiments ont droit de cité !

La véritable sérénité désigne la disposition à entrer dans la vie avec ses hauts et ses bas, y compris avec ses sentiments difficiles. Traitez-vous vous-même, ainsi que tout ce qui vous arrive, avec acceptation et compréhension, et sans résistance.

2

Que voulez-vous donc vraiment ?

Est-ce que je veux avoir raison ou être heureux ? C'est ainsi que se pose souvent la question décisive. Considérez la situation avec un peu de recul et demandez-vous comment vous voulez la gérer. Comment pourriez-vous vous faire du bien à vous-même et contribuer ainsi, à moyen ou à long terme, à satisfaire vos propres besoins et à vos valeurs intérieures ?

3

Qu'est-ce qui vous importe vraiment ?

Aucun d'entre nous ne sait combien de temps il lui reste encore sur notre planète. Cet état de fait, qui vous énerve, vaut-il la peine que vous gaspilliez le temps que vous avez à vivre à le ressasser ?

4

Soyez aimable avec vous-même

Nous traitons la plupart des gens mieux que nous ne nous traitons nous-mêmes. Vous avez le droit d'être aussi aimable avec vous-même qu'avec une bonne amie ou un bon ami : avec estime et gratitude, et, dans les temps difficiles, avec amour et compréhension.

5

Regardez ce qui se passe bien

Nous estimons que beaucoup de choses vont de soi, tandis que d'autres hommes, nés par hasard dans un autre coin de la Terre, les trouvent inatteignables : accès à l'eau potable, assurance-maladie, liberté d'expression, démocratie… Regardez ce qui se passe bien, regardez la richesse de votre vie. Témoigner sa reconnaissance aide à changer de perspective.

6

Faites consciemment une chose qui vous fait plaisir

Passez du temps avec vos jeunes enfants ou avec votre chien, consacrez du temps à vos hobbies et à ce qui vous comble réellement de joie. La vie est trop courte et a une trop grande valeur pour la passer uniquement à travailler et à remplir ses obligations.

CONCLUSION : FAIRE LA PAIX AVEC LA DANSE DE LA VIE

Un synonyme de « sérénité », que l'on utilise assez rarement aujourd'hui et que j'aime bien, est le mot « constance » (en allemand, *Gleichmut*). Et dans le terme allemand se cache le « courage » (*Mut*). Le courage de traiter avec un même cœur ouvert les choses belles et les choses difficiles.
Tandis que l'indifférence se renferme, se replie sur soi, laisse les choses perler à son contact, la constance s'ouvre à la joie comme à la souffrance.
La constance est consciente que les choses changent sans cesse et que nous ne pouvons pas les contrôler.
Certaines fois, notre vie file de façon légère et détendue, d'autres fois, de tout petits obstacles se mettent en travers de notre chemin, et d'autres fois encore, nous trébuchons tellement que nous avons l'impression que le sol se dérobe sous nos pieds.
Il est compréhensible que nous nous souhaitions la première situation et que nous tentions d'éviter la dernière.
« Les choses qui s'écroulent, écrit l'enseignante bouddhiste Pema Chödrön, sont une sorte d'épreuve, mais aussi une sorte de guérison. On pense que l'essentiel est de venir à bout de l'épreuve ou de triompher du problème, mais la vérité c'est que les choses ne sont pas vraiment résolues. Il y a réconciliation puis écroulement. On les réconcilie encore et elles s'écroulent de nouveau. C'est comme ça que ça marche.
La guérison vient de ce qu'on laisse de l'espace pour que tout ça se produise : de l'espace pour la douleur, pour le soulagement, pour la tristesse, pour la joie. »

La sérénité de qualité est de trouver la paix intérieure au milieu des tempêtes de l'existence et du changement permanent.

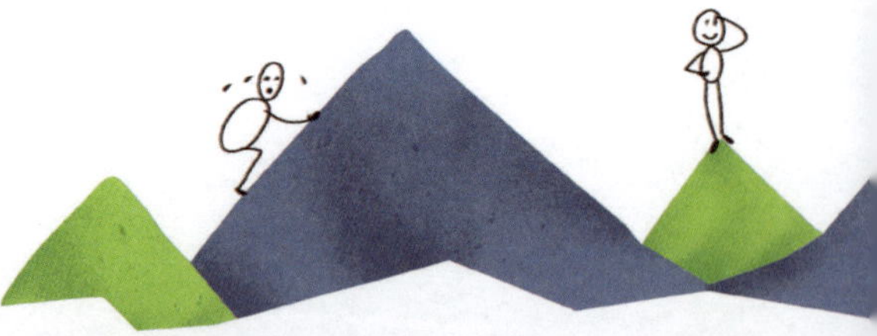

LE CŒUR OUVERT

Lors d'une conférence, l'enseignant de méditation Jack Kornfield raconta la parabole de Jésus et des apôtres sur le lac de Génésareth. Les hommes naviguaient dans un petit bateau sur le lac, et Jésus, qui était fatigué, s'allongea pour dormir. Au bout d'un moment, une tempête se leva. Le bateau commença à tanguer, et les apôtres prirent peur – si peur qu'ils finirent par réveiller Jésus, paisiblement endormi. Ils avaient laissé la tempête, le chaos à l'extérieur, pénétrer en eux et déséquilibrer leur confiance, comme la tempête faisait tanguer le bateau. Jésus les exhorta à « ne pas perdre leur foi ». Traduite dans le langage de notre époque, cette histoire signifie qu'il ne faut pas permettre à un chaos extérieur de nous décentrer. Jésus se leva, ouvrit les bras et amena la tempête à se calmer. Au lieu de permettre à la tempête de pénétrer en lui, il fit exactement le contraire : il permit à son calme intérieur, à son équilibre intérieur, de percer vers l'extérieur, de sorte que la tempête se calme – et, avec elle, les apôtres.

Jésus ne se détourne pas de la tempête, il ne traite ni la tempête ni ses apôtres avec indifférence, mais avec constance : il se tourne vers la vie et ses difficultés avec un cœur ouvert et apaisé.
Et voici ce que nous pourrions peut-être nous aussi développer, pas à pas :

Un cœur prêt à tout ce qui lui arrive.

Je vous souhaite bonne chance pour ce voyage. J'espère que vous vous souviendrez que vous pouvez toujours prendre de nouvelles décisions : certes, nous ne pouvons pas choisir ce qui nous arrive, mais nous pouvons choisir la manière de le gérer.
Prenez conscience que chaque moment vous offre à nouveau de vous tourner vers la vie avec un cœur ouvert.
Et si cela ne marche pas de la manière que vous imaginiez, l'instant suivant sera une nouvelle occasion pour que tel soit le cas.

NOTES

1. Note du traducteur : l'auteure se réfère ici à l'ouvrage de Stephanie Schneider, *Glänzen Sie lieber mit guter Laune als mit einer sauberen Spüle*, non traduit à ce jour en français.

2. Note du traducteur : en anglais dans le texte, « *Shit happens* ».

3. Note du traducteur : en anglais dans le texte, *That's life*.

4. Note du traducteur : l'auteure cite ici l'adage bavarois « *Schau'n wir mal, dann seh'n wir schon* », dont le meilleur équivalent français nous semble « Qui vivra verra ».

5. Note du traducteur : l'auteure cite ici l'expression dialectique « *Et hät noch immer jot jejange* ».

6. Note du traducteur : l'auteure parle dans son texte de la langue allemande, et non de la langue française. Mais la précision est similaire dans les deux langues. En allemand : *Ich ärgere mich*.

7. Note du traducteur : la prophylaxie désigne l'« ensemble de moyens médicaux mis en œuvre pour empêcher l'apparition, l'aggravation ou l'extension des maladies ». Larousse.

8. Note du traducteur : l'auteure se réfère ici à l'ouvrage de Jens Baum, *Wie's weitergeht, wenn nichts mehr geht*, non traduit à ce jour en français.

POUR ALLER PLUS LOIN

Quelques livres sur mes étagères...

Chödrön, Pema, *Entrer en amitié avec soi-même*, Pocket, 2000.

Chödrön, Pema, *Conseils d'une amie pour des temps difficiles*, Pocket, 2003.

Hanson, Rick et Mendius, Richard, *Le Cerveau de Bouddha. Bonheur, amour et sagesse au temps des neurosciences*, Pocket, 2013.

Harris, Russ, *Le Piège du bonheur*, Éditions de l'Homme, 2014.

Poletti, Rosette et Dobbs, Barbara, *Accepter ce qui est*, Éditions Jouvence, 2005.

Poletti, Rosette et Dobbs, Barbara, *Petit cahier d‹exercices du lâcher-prise*, Éditions Jouvence, 2008.

Rinzler, Lodro, *Prendre un verre avec Bouddha*, Marabout, 2016.

Rosenberg, Marshall B., *Les mots sont des fenêtres (ou bien ce sont des murs). Initiation à la communication non violente*, La Découverte, 2016.

Quelques sites Internet

www.resource-project.org
Le projet d'étude de la professeure Tania Singer au sujet de l'évolution consciente des mentalités positives.

www.rickhanson.net
Sur son site Internet (en langue anglaise), le psychologue Rick Hanson, spécialiste du changement conscient du cerveau à l'aide d'expériences positives, partage généreusement son savoir.

REMERCIEMENTS

Ce livre a pris forme tout particulièrement grâce aux expériences dont m'ont fait part les participantes à mes cours, mes amies et ma famille. Merci pour ce chemin parcouru ensemble.

COPYRIGHT DES ILLUSTRATIONS

SOURCE DES CITATIONS

Page 19 : John Lennon emploie ces mots dans sa chanson *Beautiful Boy*, dans l'album *Double Fantasy* (1980). On retrouve cette phrase plus tôt chez d'autres personnes (Quinn Ryan, Allen Saunders, etc.).

Page 31 : Cette prière de la sérénité, telle qu'on l'appelle, fréquemment utilisée et attribuée à diverses sources, est sans doute l'œuvre du théologien et philosophe américain Reinhold Niebuhr et date de la Seconde Guerre mondiale.

Page 79 : Tony Schwartz est journaliste, auteur et coach.

Page 92 : Pema Chödrön, *Conseils d'une amie pour des temps difficiles*, Pocket, 2003.

Dépôt légal : août 2017
Achevé d'imprimer en juillet 2017
Imprimé en Bulgarie par Flex